JN069279

かかわりの循環

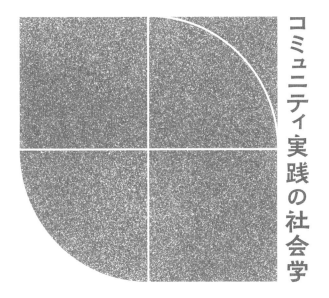

コミュニティ実践の社会学

松宮　朝　Matsumiya Ashita

晃洋書房

目　　次

序 章

コミュニティと実践
——認識と方法をつかむために——

　みなが具備している基本的能力に加えて，もうひとつ根底に認識の能力
がないといけない．

　認識というと小むずかしくきこえるがね．物事をごまかされないように
よく見るということだな．

　誰だって世の中のことをすべて経験するわけにいかないから，自分にそ
れほど近しくないことは，一応概念で心得て知ったつもりになっているこ
とが多いだろう．

　ところが実際にそこで戦うなら，概念じゃ困るんだ．不正確だからね．

（色川，1987：90-1）

　これは，『麻雀放浪記』（阿佐田哲也筆名）でも知られる稀代のばくち打ちであっ
た色川武大が，ひりひりするような勝負ごとの場で獲得した経験を，若者向け
に，生きる「方法」として説いた言葉である．ばくちにかかわることだから，
どうしても勝ち負けのテクニックがイメージされるかもしれない．しかし，こ
こで語られているのは，勝ち負けの次元を超えたことだ．ひとつひとつの場で，
自分自身の先入観や思い込みに抗いながら，神経を研ぎ澄まして，生きる方法
として鍛え上げていく．その場の状況を的確に認識し，生きる方法を編み出し
ていく際の，目の前の現実に立ち向かう心構えが「認識の能力」，「よく見るこ
と」として説かれている．場の状況や流れをつかむこともできていないのに，
どこからか持ち込んだ「概念」で分かったような気になっていては，そこで勝
負することができない．戦うためには，まずはよく見ること，認識する能力が
必要なのだと．

　冒頭の言葉を，職場，学校，そして本書で扱う地域社会の生活の場など，私たちが生きるさまざまな場面での向き合い方に置き換えても，さほど違和感はないだろう．実際に，この言葉の持つ重みは，排除，孤独・孤立など，解決策を簡単に思い描くことができない課題をかかえた地域社会の調査研究にかかわるなかで，いつも筆者が痛感されられてきたことだった．地域社会における貧困，孤独・孤立などさまざまな福祉的課題をかかえた人たちに対して，問題を理解し，解決することを迫られる現場では，「つながりの重要性」，「地域の絆が大事」であるとか，「異質性を認め合うこと」，「共生」などの「概念」は，それがいかに正当なものであったとしても空疎に響きがちであった．こうした言葉は，本書を執筆している2021年のコロナ禍の状況において増殖しているように思われる．たとえば，オンラインのコミュニケーションを前提にした生活様式である「ニューノーマル」，適切な距離をとる「ソーシャル・ディスタンシング」といった言葉が，その内実を問われることなく飛び交っている．いずれも地域社会における生活の根本的な指針を示す重要な言葉であるはずだが，生活の場でどのように適用するかなどの点で多くの混乱が生じている．地域社会での共同性，コミュニティへの期待が強く語られる場で，それによって戦うことができないような「概念」に依存してはいないだろうか．

　地域コミュニティをめぐる現場にかかわる際には，ありきたりのわかったような「概念」は通用しない．また，他の地域で成功した事例をそのまま別の地域に移植するような暴力はもってのほかだ．ちょうど，上手な人のやり方をそのまま模倣してもだめなように．だから，その場その場の固有の課題に立ち向かうための「方法」が重要となる．いわゆる一般論ではなく，その地域ごとの固有の課題があり，文脈があるためだ．

　さて，このように論じると，「概念」や「理論」はだめで，とにかく現実，実態をよく見ていこう，経験していこうという，いわゆる経験至上主義の言葉に聞こえるかもしれない．しかし，そんなあたりまえのことを示すために，この言葉を引いたわけではない．色川武大が，現場で身をもって経験したこと，実践的な手法の重要性ともに，これまで蓄積されてきたさまざまな手法，生きるためのセオリー，つまり理論が必要であることを繰り返し語っていることに注意したい．ばくちの世界の言葉にひきつけつつ，そこで生きるための場の読

み方，流れのつかみ方，人とのかかわり方，長期的な視野に立って生きるための実践的なセオリーの重要性を指摘している．経験則とともに，これまで積み上げられてきたセオリーとの格闘を通して身につけることができなければ，生きる「方法」にならないのだと．

　では，そのセオリーはどのように獲得されるものなのだろうか．筆者も，多くの現場でまず頼りにしたのは，これまで蓄積されてきた理論と，そこから生まれてくる「概念」だった．しかし，それはそのままの形で使うことはできない．ここで重要となるのが，「そこで戦うのなら」という言葉にこめられた意味である．この言葉を，ばくちでの戦略というおおげさなものではなく，そこで生きる上での「方法」という形で考えてみたい．本書で扱う孤独死や差別など，まさにその問題が起きている場において，どのように動くことができるか．実践できるか．さらに言うと，困難な場で，自身がおかれている状況を正確に認識し，それに対処するための的確な「方法」を瞬時にとることができるか．色川武大は，認識の能力を支えるセオリーと，生きるフォームを作ることを強調する．「概念」でわかるのではなく，反射的に身体が動く，「眺めてもとにかくできうるかぎり，新しいものを，身体にわからせていく」という「認識」とその「方法」である（色川，1987：131-3[2]）．

　このような課題に対してヒントを与えてくれると思われるのが，本書で焦点をあてる，現代社会のさまざまな課題解決を目指すコミュニティ実践で蓄積されてきた「認識」と「方法」である．地域社会の生活の場では，深刻な課題に対して，ありきたりの，使い勝手のよくない，そこで戦う上で使うことができない「概念」が満ち溢れている．こうした「概念」をいかにして「方法」として取り戻すか．色川武大の言葉に従うならば，その場で起きていることをとにかくよく見ること，そして生き抜くためのセオリーを持つことである．筆者がかかわったコミュニティ実践の場で，そして，地域社会で生じている問題をどのように見るのか，コミュニティをめぐる理論との対話を通して考えてみたい．

　「身体にわからせていく」という「認識」とその「方法」は，これまで筆者がかかわったフィールドで繰り返し問われたことである．それだけではない．大学での授業において研究の一部を聞いてもらった学生，講演や研修などの場で問われ続けたことでもある．本書は，フィールドで学び，考えたこと，そし

て，それを現場の方々との対話，授業や講演・研修において批判を受けて修正したことを基本に書かれている．それぞれの場での切実な問いに対して，どのようにこたえることができるのかを意識したためであるが，このような思いを強くした，強くせざるを得なかった，筆者の個人的な事情に応じた2つの理由がある．

第1に，筆者が，勤務先である愛知県立大学や，非常勤講師として出講させていただいた大学，専門学校で，主にソーシャルワーカーを目指す学生，および，看護師を目指す学生を対象に教えてきたことによる．福祉，看護などの専門職において，地域福祉，地域看護など，地域コミュニティに対する実践的なかかわりが強く求められていることに気づかされる．特に社会福祉士養成課程のカリキュラムの「社会学と社会システム」における地域にかかわる内容としては，理論，学説史だけでなく，より実践的な地域社会の課題への応答が盛り込まれている．また，「社会福祉調査の基礎」では，「ソーシャルワークにおける評価の意義と方法」が加わり，ソーシャルワークの現場を中心に，社会調査の実践的活用がより強く求められるようになった[3]．このように，地域社会，地域コミュニティの現場にかかわる上での実践的な「方法」が求められたのである．

もちろん，これは，教育制度にかかわる要請によるものだけではなく，その中身にかかわるものでもある．地域における貧困，格差，孤立などさまざまな問題をどのように解決するか，社会学を現場で生かす「方法」についての切実な問いかけがあったことである．毎回の授業時には，常に緊張感を孕んだ，厳しいコメントが寄せられた．授業時の感想の中で突き付けられた疑問に対してどのようにこたえるべきか．今後現職で働くことになる，実習でその現場の一部を経験した学生に対して，自分が伝える言葉は，果たして現場のリアリティにこたえうるものなのか．本書をテキストとして，地域社会，地域コミュニティの実践的な問題を考える学生を念頭においたのは，このような意図による[4]．

第2に，実際にさまざまな課題をかかえる地域で，講演や，研修の機会を多くいただき，その場で役立つ「方法」について語ることを強く要請されたためである．地域コミュニティ，コミュニティ実践にかかわる調査研究では，調査結果を調査報告書や論文にまとめるだけでは終わることができず，現場に寄与

する活動，調査結果からの提言や，研修，講演などでかかわりを求められることが多くなっている．従来，社会学はこうした領域に対して積極的に関与する度合いは低かったが，コミュニティ実践との一定のかかわりを基盤に，その一連のプロセス・文脈を踏まえた研究プロジェクトのあり方が求められるようになっている．筆者の場合，現代社会の社会問題として，孤独死対策，地域での共生，コミュニティづくりなどに，調査研究の知見をどのように生かすことができるかというテーマに対して，学会活動と循環させつつ，対話の場を広げていくことが課題となった．

　もちろん，これは簡単な課題ではない．こうした場では，一般論や，「概念」では戦うことができない．と同時に，他の地域でうまくいったことを並べるような「成功事例」を伝えることも通用しない．ちょうどわかりきった「必勝法」や，名人の「手法」を知っているだけでは戦うことができないようなものだ．地域社会における固有の課題に対応できないためである．コミュニティ実践にかかわることで，単純には言い切れないこと，矛盾することに多く出会い，考えさせられることになった．さらに，調査研究の成果を報告するだけでなく，他の地域の現場でかかわる方々との対話の中で検討し，批判，チェックを受け，それに応じて修正を行った．

　このような形で，コミュニティ実践にかかわるような研究を目指したが，そもそもその現場で暮らす「当事者」でも，社会福祉士や看護師のような専門職でもない自分の立ち位置には，大きな欺瞞があるかもしれない．筆者は，この点について，現場となる地域コミュニティとのかかわりに関する問題について論じたことがある（松宮，2010b）．本書の趣旨ともかかわる点なので，要約して記しておこう．筆者が調査研究を実施したローカルなコミュニティ実践を，直接の「当事者」ではない人に対して理解できるように，研究者と「当事者」が協同で抽象化の作業を行い，「インターローカリティ」を目指す研究の役割（杉万編著，2006：40-1）について考えたものである．ここで意識したのが，ある文脈で成り立つ知識→脱文脈化→再文脈化するインターローカリティである．これは，特定の文脈で成り立つ知識を脱文脈化しつつ，地域のそれぞれの場面で役立つよう再文脈化する共同実践の方法である（矢守，2010）．この「インターローカリティ」によって，「当事者」から学んだことを，「当事者」とともに分析と

考察を行い，次に出会う「当事者」に対して研究成果を投げかけ，対話を重ね
ていく終わりのないプロセスが必要だと考えた．研究者コミュニティに対して
だけでなく，教育の場面，そして，他の地域の「当事者」に対して意味のある
ものとして開くことを考えたのである．

　その場での実践的な課題に向き合い，責任を持って取り組む「当事者」とし
てのかかわり方を考える上では，阪本英二（2007：151-4）による「当事者」像
がとても示唆的だった．阪本は，当事者性をなんらかの個人的属性のようにと
らえるカテゴリー的区分を超えて，「同じ〈場所〉にいること」として場所論
的にとらえることの意義を主張する．当事者性をめぐる関係論的な議論は，「当
事者」である／ないという区分に終始してしまいがちである．しかし，場所論
的にとらえれば，「当事者」と共有される〈場所〉の歴史をとおして理解しあ
う「臨界」が生まれる可能性があるというのだ．筆者は，できる限り一回きり
で終わるワンショットの調査ではなく，地域社会のコミュニティ実践にかかわ
る形で，この「臨界」に賭けた．ここで問題となることの中に，自分が研究す
べきテーマがあることに気づかされた．研究の問いもフィールドでの「当事者」
とのかかわりから生まれ，それをもう一度研究者コミュニティで蓄積されてき
たものと突き合わせつつ，「当事者」にとって実践性を持つ課題に取り組む，
終わることのないプロセスである．

　こうして筆者は「当事者」とかかわり続けることによって，「当事者」の批
判を受け止めながら，自分の研究への反省だけでなく，筆者自身の取り組み自
体を修正し，その場で意味のあるかかわりを続ける可能性を模索し続けている．
筆者が必要とされなくなるまでこうしたかかわりを続け，「当事者」の声から
学び，それをモデルとして押しつけることなく，その地域の「当事者」に合わ
せる形で対話を続けるという研究を目指してきた．

　こうしたかかわりに対して，自分はどこまでできただろうか．おおよそこの
10年間，地域コミュニティの現場から学び，取り組み，考えたことをまとめた
のが本書である．本書では，地域社会におけるコミュニティ実践で課題となる
3つのテーマを扱う．現代社会の課題が，地域コミュニティによる解決を迫る，
孤独・孤立，共生，ネットワークづくりに対する3つの地域のコミュニティ実
践との対話と応答である．愛知県3地域（西尾市，愛西市，長久手市）における筆

者の調査での現場にかかわり，現場で経験し，議論し，研究成果をまとめ，実践の現場で検討していくプロセス，調査のあり方を反省的に振り返るなかで，地域社会の課題にこたえる地域コミュニティ研究の可能性について論じている．

　特に重視しているのは，地域社会におけるコミュニティ実践で蓄積されてきた課題解決のための「方法」を，社会学を中心とした理論に照らし合わせていくことである．これには，次の3つの意味がある．① 地域におけるコミュニティ実践に解決を迫られた課題をその背景となる構造を踏まえつつ批判的に見ること，② コミュニティ実践にかかわることで気づかされた「方法」をとらえること，③ コミュニティ実践にかかわる知見を学会や別の地域で報告をした際のフィードバックから修正を行うこと，の3点である．これらはすべてコミュニティ実践のフィールドで教えられたことである．別の場所で話をし，紹介することで，それぞれの地域の文脈に応じて摺り合わせ，対話をする．学会レベルでも，人口減少という基調のもとでの外国人労働者と孤独死のあり方について検討したこと（松宮，2009）が，愛西市の孤独死をめぐる問題や，名古屋市の外国人の孤独死，コロナ禍での対応を考えるヒントになったり（5章），西尾市の共生の取り組みが，長久手市の取り組みを考える実践の手助けとなったりしたように，フィールドで学んだことをどのように生かすことができるかという課題に引きつけつつ生み出されたものである．さらに，調査でお世話になった場で講演の機会をいただいたり，自分が講師を務めたボランティア講座で出会った方の活動の場に参加させていただいたり，授業で教えたことのある卒業生の職場での講演，研修などでたくさんの話をさせていただく機会を得た．学会報告や論文を書いて終わるということではなく，そのあとで，どのようなことを伝えるのか，伝えるべきなのかについて常に考えさせられることとなった．いずれも，筆者がかかわらせていただいたコミュニティ実践から学ばせていただき，絶えず修正した「認識」と「方法」である．

　この点について，プラマーは，次のような社会学の循環のあり方を描いている．日々の個人的で実践的な日常生活の思考が一般向けの議論を通じて社会学的知識に接続され，学会レベルの専門家集団による「専門的社会学」において試される．そこから幅広い一般向けの対話を進める「公共社会学」を生み出し，これらをさまざまな現場で生かす「実践家の社会学」や，公共政策へとつながっ

ていく．そしてそれらが私たちの日常生活に戻り，循環する（プラマー，2021：
393-8）．本書は，地域のコミュニティ実践にかかわる研究，日々の地域社会で
の実践的な課題に対応し，「実践家」に学びつつ，社会学的理論との対話の中で，
さらなる展開につながる循環を目指している．こうした循環においては，冒頭
で示したように，ありきたりの「概念」では戦えない．コミュニティ実践の現
場から生まれる「方法」を，「専門的社会学」の理論との対話を通じて開いて
みたい．

注 ────────────────────────────────

1）この点とともに，調査者がフィールドにかかわる際の文脈もある．この点については
1章で論じるが，この重要性については，宮内洋氏の〈生活─文脈〉主義（宮内，
2008）から大きな影響を受けている．

2）これを身につけるための自己分析として，色川武大は自分の家族を含めた成育歴，自
身の身体的な特徴，ナルコレプシーなどの病を見つめなおし，「身体にわからせていく」
方法を語っている．この点にかかわる筆者自身のあり方については，松宮（2010b）で
論じている．

3）https://www.mhlw.go.jp/stf/seisakunitsuite/bunya/hukushi_kaigo/seikatsuhogo/
shakai-kaigoyousei/index_00012.html（2021年9月30日確認）．

4）本書はテキストとして活用することを目的としているため，すでに報告した筆者の論
文をベースに，大幅に加筆・修正しつつ，再構成している．なお，各論文の初出につい
ては，「おわりに」に記載した．

1 章

地域コミュニティとコミュニティ実践

┃ 1　コロナ禍の地域コミュニティ，コミュニティ実践

　　見守りをしろとか，情報の周知をはかれとか，何でも自治会に押しつけられる．けれど，高齢化が進んで担い手がいなくなって地域では限界に来ている．

　　しかも，コロナでこれまで築きあげてきた取り組みを全部中止せざるをえなくなった．どうすればいいのか．

　2020年の春，新型コロナウイルス感染症感染拡大が進みつつある地域での，コミュニティ実践を進めるリーダーの語りである．コロナ禍でこのような嘆きは多くの地域で聞かれることとなり，それは2021年秋の段階でも続いている．地域社会のコミュニティ実践に研究と教育でかかわる身としては，そのすべてが強制的に絶たれてしまうような絶望感を味わうことになった．対面での研修や，フィールドワーク，学生の実習など，地域コミュニティの現場にかかわる活動がすべて実施できなくなったためだ．

　ここで本書で鍵概念として用いている，地域社会におけるコミュニティ実践とは何かについて確認しておこう．コミュニティの定義は多様であるが，マッキーバー（1975）以来，「地域性」と「共同性」を基盤としたコミュニティ概念が論じられてきた．「地域性」と「共同性」の両者を備えたものが「地域コミュニティ」であり（船津・浅川，2014），一定の地域的範囲における社会関係の集積を指す．主として人びとが居住する一定の空間の中で蓄積された共同の社会関

係である地域コミュニティにおいて，地域の課題解決をはかるさまざまな共同の実践を，「コミュニティ実践」としたい．「実践」とする意図は，実態として存在する静態としての「コミュニティ」ではなく，何らかの課題解決を目指す実践によって構築される動態的な概念として用いる点にある[1]．

　まず，コミュニティ実践に対してどのような社会的課題の解決が期待されているのか，具体的に見ておこう．本書のテーマである外国籍住民の増加については地域コミュニティにおける「共生」が，孤独・孤立に対しては，コミュニティ実践による「見守り」「参加」が，そして今後の高齢化や財政難に直面する地域での地域福祉の推進については，地域コミュニティの「創出」が語られてきた．地域コミュニティに対して，多様な住民がともに住まうことのしくみ，孤立や孤独の防止，高齢者の社会参加，さまざまな社会資源の分配，福祉的な機能，防災，教育など広範な期待が寄せられてきた．地域コミュニティのポジティブな面に注目して，さまざまな社会的課題の解決を目指すコミュニティ実践への注目が高まったのである．

　しかし，コロナ禍では，そうした取り組みが縮小を迫られることになった．コミュニティ実践のベースとなる地域コミュニティでの対面的なつながりが「悪」とされ，ソーシャル・ディスタンシング政策がとられたためだ（高木，2021：69）．新型コロナウイルス感染症の感染拡大により，ほとんどすべての社会状況が激変し，社会に広範な影響を与えたわけだが（町村，2021：16-7），特に地域コミュニティに対しては大きな影響を与えたと言っていいだろう．コロナ禍でのコミュニティ実践は，同じ空間を共有する対面での共同性という根幹部分を奪われることになり，孤立を防止する，地域での共生を図る，防災から子育て支援に至るさまざまな活動は，大きな障壁に直面せざるをえなかった．

　その一方で，地域という空間の重要性は，むしろ著しく高まったと言える．コロナ禍での生活では，毎日のように，都道府県別，市町村別の新規感染者数を確認することが繰り返された．これほど地域という空間的な境界を意識させられることもなかっただろう．「まん延防止等重点措置」や「緊急事態宣言」の発出により，飲食店の営業時間の制限，外食や観光など外出や，都道府県レベルの境界を移動することの制限が求められるようになったが，20時までの営業時間の制限や酒類の提供を禁じられる地域の隣接地では，何も制限を受ける

ことがないという事態が生まれる．こうしてどの地域に居住しているか，都道府県，市町村レベルの境界線を強く意識させられることとなったのだ．

　2020年からのコロナ禍では，これまで地域コミュニティ，コミュニティ実践が積み上げてきたさまざまなポジティブな機能が中断してしまっただけではない．推奨される「新しい生活様式」である，日常生活のスローガンとして謳われた「密閉」「密集」「密接」の「3密」回避も，これまで数回の定義変更があり，科学的根拠提示も不十分であったことが明らかにされ（田中，2021），その根拠や効果などに対する信頼感の欠如が生じつつも（金井，2021），それに従わせる地域コミュニティの圧力も高まっている．「自粛警察」という言葉に象徴される新たな監視社会化や，うわさによる新たなスティグマの発生など，地域コミュニティにおけるコミュニケーションの問題も噴出した．3章で見ていくように，地域コミュニティのネガティブな側面もクローズアップされることになったのである．

　冒頭の言葉にあるように，つながりや集まり，共同を重視してきた地域社会におけるコミュニティ実践が立ちゆかなくなっている．こうしたなかで，コロナ後のあり方をめぐっては，現状の困難を踏まえつつ，これまでの地域コミュニティ，コミュニティ実践において蓄積されてきた成果と課題を確認し，展望することが必要となってくる．次に，地域コミュニティへの期待とコミュニティ実践をめぐる議論について確認しておこう．

2　地域コミュニティへの期待とコミュニティ実践

　近年のコミュニティへの注目，期待は極めて多岐にわたり，「コミュニティ」の洪水（小原，2010）とも表現される状況である．グローバル化によって加速する格差の拡大，労働条件の劣化など，グルーバル市場への不信，および社会保障や税制によって経済的な格差を是正する再分配機能が後退することで国家への不信が進むなかで，その解決策としてコミュニティへの注目が高まっている（斎藤，2013）．しかしそれは，コミュニティが問われる存在根拠，〈現在性〉が十分検証されることなくブーム性を帯び，数多くの言説が飛び交う「コミュニティ・インフレーション」とも指摘されている（吉原，2011：47）．

デランティ（2013：3–5）は，こうしたコミュニティに関心の高まる状況に
おいて，小集団，近隣，小さな街のような，空間が限られた社会組織への注目
が集まっていることに注意をうながしている．これは，私たちの生きる「社会」
と比較して相対的に小さい範囲のコミュニティである「地域コミュニティ」へ
の期待である．コミュニティ概念は多様な広がりを持っているにもかかわらず，
関心が一定の空間的な範囲における「地域コミュニティ」に向けられていると
いうのだ．実際，町内会・自治会などの地縁組織や，ボランティア，NPOな
どの社会活動にしろ，地域コミュニティをベースにしたコミュニティ実践が注
目されている．ここでは，労働市場や家族など他の社会的領域から排除された
人びとを包摂するセーフティネットとして地域コミュニティへの期待が語られ
ることとなる．

もっとも，このように地域的空間を前提にした「地域コミュニティ」を重視
することは，コミュニティ理論において自明なものではない．ウェルマンは，
コミュニティをめぐる理論を，① 都市化によってコミュニティが喪失する「コ
ミュニティ喪失論」，② 都市化にもかかわらず近隣コミュニティが存続する「コ
ミュニティ存続論」，③ 空間的な境界を越えてコミュニティが存在する「コミュ
ニティ解放論」の 3 つに整理している（ウェルマン，2006）．赤枝尚樹（2015）は，
日本版General Social Survey 2003のデータを用いて，ウェルマンの「コミュ
ニティ解放論」に沿うコミュニティ変容論が支持されることを明らかにした．
このように都市社会学では，地域性と共同性が現実には別の道を歩みはじめた
とされてきた（松本，2003：71）．つまり，親密な関係としての共同性は一定の
地域空間から分散化し，集合性と共同性との乖離（田中，2010：52）が進んでい
るのだ．一定の地理的な境界の内部で住民の生活が自足的に完結する「包括的
コミュニティ」から，地域で共通に直面化する，個人では処理できないニーズ
を解決するためにとり結ぶ社会関係である「限定的コミュニティ」（今野，
2001：22–3）に焦点が移行してきたのである．

このように，コミュニティ概念が空間から解放されるなかで，近年の日本に
おける「地域コミュニティ」への期待は，脱地域化し，地域から解放された関
係を，もう一度地域的共同性に埋め戻し，地域コミュニティの再生と公共性を
目指す動きと言える（田中，2010：123）．公的領域の縮小，私的領域の機能低下

によって「隙間」が生まれ，その「隙間」に対応する共的領域としての「地域コミュニティ」が重視されるわけだ．

▌ 3　地域コミュニティへの注目：地域福祉

多様な社会的課題の解決が地域コミュニティに求められるわけだが，この点について政策的な観点から見てみよう．「孤独死」，「孤立死」，「無縁社会」に象徴される孤立の問題や，町内会・自治会加入率の低下など，地域社会における関係性の希薄化が進んでいる（石田，2018）．その一方で，高齢者から子どもに及ぶ広範な福祉的課題や，防災，防犯などのさまざまな社会的課題解決の期待が，地域コミュニティに寄せられている．こうした期待のなかでも政策的に重要な位置を占めるのが，地域福祉の領域である．

野口定久（2016：13-4）は，1980年代半ば以降の地域福祉の特色として次の2点を指摘する．①住民の社会的ニーズの充足と地域生活にかかわる諸課題を解決する，生活に最も身近な小地域，市町村レベルでの住民参加と公民協働の組織的営為，②人権尊重，ノーマライゼーション，ソーシャル・インクルージョンの理念に基づき，地域コミュニティを基盤に，当事者，住民の主体的参加，専門職間の連携を通じた機能的行為の2つである．いずれも，広範な福祉的ニーズ・生活課題を，地域コミュニティをベースにして地域住民の参加と専門機関の連携によって課題の解決が目指されるわけだが，政策的には，地域包括ケアシステムの推進という形で進められてきた．地域包括ケアシステムとは，介護・高齢者福祉領域を中心に，団塊の世代が75歳以上となる2025年を目標に，重度な要介護状態となっても住み慣れた地域で自分らしい暮らしを人生の最後まで続けることができるよう，住まい・医療・介護・予防・生活支援が一体的に提供される地域の包括的な支援・サービス提供体制である．ここでいう地域包括ケア圏域は，おおむね30分以内に駆けつけられる圏域であり，中学校区が基本とされている（野口，2016：242）．中学校区という一定の範囲を設定して，自治会や関連機関の連携による，地域コミュニティを基盤としたコミュニティ実践の役割が期待されているのだ．

この地域包括ケアシステムの発展バージョンとして，2016年に設置された「我

が事・丸ごと」地域社会実現本部を中心に,「地域共生社会」をキーワードとした諸政策が打ち出されている.2017年に改正された社会福祉法第4条では,地域住民が,地域の福祉団体と連携して地域生活課題を解決することによって地域福祉を推進することが求められるようになった.孤立や防災などに限らず,地域福祉分野を中心とした多くの生活課題を,地域住民の参加によって解決する力を高めることが要請され,これに対応するコミュニティ実践が求められている.

　厚生労働省は,今後の地域福祉の柱として,「地域住民や地域の多様な主体が『我が事』として参画し,人と人,人と資源が世代や分野を超えて『丸ごと』つながることで,住民一人ひとりの暮らしと生きがい,地域をともに創っていく社会」である「地域共生社会」を提起したわけだが,こうした地域コミュニティへの期待は,地域の強みを生かしつつ地域で解決する力を,地域の共同性を基盤にしながら,さらなる組織化によって発展させることを求めるものである.現代社会のさまざまな問題に対して,地域の強み,すなわち,地域で暮らす人びとが築き上げてきた共同性の強みをどのように発展させていくかが課題とされている.ここでは,高齢化や人口減少が進み,地域・家庭・職場という人々の生活領域における支え合いの基盤が弱まっていることが前提とされる状況のなかで,互助的な支え合いをベースにした地域社会関係の創出が謳われている.地域社会における関係性の希薄化,孤立がすすむ状況にもかかわらず,地域コミュニティによる解決が焦点化されていることがわかる.

4　地域コミュニティへの期待とその問題

　もっとも,そもそも地域コミュニティが,コロナ禍で噴出する貧困など深刻な問題に対応することができるのかという点には疑問が寄せられているのも事実だ.実際,現在課題となっている財,サービスの分配機能に対して,特に財の分配に対しては弱点を持つとされてきたのが地域コミュニティである.

　にもかかわらず,格差,貧困などの問題に対して,地域コミュニティ,そしてコミュニティ実践という視点はひとつの突破口を開くものとして注目されつつある.これまでの貧困研究では,貧困と地域をつなぐ研究視角は必ずしも強

かったわけではない．これはガンズ（2006）の議論に代表されるように，貧困など都市における生活様式の違いは，個人属性，家族周期段階によるものであり，地域の人口学的な効果ではないとする，貧困の原因として地域を焦点化する研究への批判が有力だったためである．これに対して近年では，貧困をもたらし増幅させる要因として地域の効果を強調する議論が多く見られるようになってきた．これらは，貧困，社会的排除の地域的集積がさらなる貧困，社会的排除を深化させるプロセスを明らかにし，マクロな社会変動・政策，階層・階級文化などに回収されない，固有の生活文化，ネットワークの母体としての地域に注目する（妻木，2012：500）．そして，貧困を生み出す環境，社会関係，資源，労働市場など，個人に還元されない地域的要因を探り当てることで，貧困の自己責任論からの転換を目指す理論として展開されている（スピッカー，2008：84-6）．

　このように，労働市場や家族など他の社会的領域から排除された人びとを包摂するセーフティネットとして地域コミュニティが期待されることとなった．貧困などさまざまな社会問題への応答志向を持つコミュニティへの注目（Collins, 2010）や，EUの社会的包摂政策において，ワークフェアによって切り捨てられる負の側面に対する「地域コミュニティ」への補完的役割の期待（樋口，2004）などが挙げられる．「コミュニティ」が排除に抗する政策としては，唯一のエンパワメント戦略であるという主張（バーン，2010：224）は，その最たるものだ．労働市場や家族などから排除された人を包摂するセーフティネットとしての機能が，地域コミュニティに期待されているのである．

　こうした地域コミュニティに対する期待には実証的な根拠がある．都市社会学のパーソナル・ネットワーク論の知見では，制約の大きい既婚女性，高齢者，社会経済的地位の低い者は〈場所に根ざしたコミュニティ〉を形成しがちであり，制約の少ない男性，若者，社会経済的地位の高い者は〈場所を超えたコミュニティ〉を形成しがちであることが明らかにされてきた（松本，2001：81）．この知見を裏返してみると，社会的条件が不利な層に対して，セーフティネットとして〈場所に根ざしたコミュニティ〉としての地域コミュニティを強化するべきだという主張も説得力を持つはずだ．実際，「素人の乱」や，2011年3月11日の東日本大震災以降の反原発デモなど，若者の新しい運動として脚光を浴

びた東京都杉並区高円寺の反貧困運動も，その活動の基盤として商店会を中心とした地域コミュニティのつながりに支えられているという（松本，2008）．

　こうした期待の一方で，地域コミュニティへの期待に対する，マクロな視点からの批判にも目を向ける必要がある．地域コミュニティの注目が高まるきっかけとなった要因のひとつに，1970年代からの自治省によるコミュニティ政策があった（玉野，2015）．1960年代後半から1970年代前半は，高度経済成長期の公害問題，都市問題に対する「開発型コミュニティ問題」として表出したものである．つまり，高度経済成長がもたらした負の部分に対する地域コミュニティによる課題解決への期待である．これに対して，1990年代以降の新自由主義国家体制のもとでの地域再編成，自治体リストラ政策のもとで生じるコミュニティへの期待は，公的領域の縮小による代替措置としてコミュニティに期待する，「衰退型コミュニティ問題」，「再編型コミュニティ問題」となる（広原，2011：14-5）．つまり，「成長によって社会的矛盾を吸収したり，緩和したりすることがほとんど望めなくなった条件のもとでのコミュニティ再生」への期待（斎藤，2013：36）と見ることができる．

　社会保障の観点から，特に社会保障の財政的基盤の持続可能性という観点から，〈地域〉での支えあいに注目が集まっていることにも注意したい（菊池，2019）．社会保障費が高騰するなかで，社会保障費を一定程度抑制する役割，その代替的な機能を果たす役割を地域コミュニティに求めるもので，ある特定の空間での共同性，すなわち地域コミュニティに期待が寄せられるのだ．

　もちろん，これは経済成長の終焉と財政の逼迫の問題に対する福祉問題の発生への対応として「コミュニティ幻想」にすがりつく（石田，2015：10-1）という見方もできるだろう．このような視点からすると，地域コミュニティに対しては，財政難による公的支出，社会保障の削減のもとでの，消極的とも言える期待が寄せられているようにも感じられてしまう．実際，公的責任を切り捨てるレトリックとしてコミュニティが利用される，福祉国家解体後の権力と社会管理の新たなテクノロジーを産出する政治的言説としてのコミュニティの問題（Rose, 1999），孤独死などで危機を煽るコミュニティ動員（広原，2011：38）として批判もされてきた．地域コミュニティが行政コスト削減に活用されることの危険も存在する（斎藤，2013）．

　ここからは，単純に目的を問うことなく手段として地域コミュニティ，コミュニティ実践に期待を寄せることの問題が見えてくる．単純な地域コミュニティ，コミュニティ実践の賛美ではなく，政策的関心における地域コミュニティの位置づけを含めた，その意味では社会学的な批判的，反省的な視点を踏まえた検討が必要なる．この前提を確認した上で，コミュニティ実践と社会学のあり方の歴史を振り返りつつ，本書での視点を確認しておこう．

▍ 5　コミュニティ実践と社会学

　本書は，さまざまな政策課題を地域コミュニティに押し付ける構造を確認した上で，コミュニティ実践のプロセスからとらえることを目指している．こうしたコミュニティ実践に対して，社会学を中心としたコミュニティ研究はどのように応答してきたのだろうか．この点に関して想起しておくべき源流が，シカゴ学派の古典にある．スモール，ヘンダーソンなどシカゴ学派第一世代は，ジェーン・アダムズによって1889年に創設され，スラム地域の生活向上を目指すセツルメントの運営や，スラム街調査を実施し，ソーシャルワークの基盤のひとつを形成したハル・ハウスの実践と強いかかわりをもっていた．これは，ここでいうコミュニティ実践と社会学の研究の協働とも見ることができるが，その一方で，宗教的な観念に根差した改革の理論と科学との緊張関係が潜伏していたのである（徳川，2004）．宗教的動機から強い社会問題への関心をもち，実践社会学を提唱したヘンダーソンの影響が薄まるにつれて，セツルメントとの結びつきも弱まっていく（船津，1999：84）．スモールのキリスト教的倫理に根差した改良主義に対して，パークは，科学性の欠けた非現実的な改良主義として訣別を宣言した．ここで重要なのは，パークの意図が実践的活動の軽視にあったわけではなく，社会改良主義の実践的意図から社会学の科学性を引き離すことにあったことである（秋元，1987）．その後，セツルメント活動と社会学実践の齟齬による確執が強まり，シカゴ学派の社会学は科学的・客観的観察にシフトする（秋元，2001）．そして，パークとバージェスによる，人道主義に依拠する改良主義への批判と専門科学としての社会学の確立が，その後のシカゴ学派の方向性を規定し，コミュニティ実践とは一定の距離をとるようになる（吉

田・寺岡, 1997：119).

　こうしたコミュニティ実践と専門科学的研究との対立的な図式は，コミュニティ実践をめぐる社会学との関係においても引き継がれてきたと言える．日本における地域コミュニティを対象とした地域社会学，都市社会学の流れのなかでは，コミュニティ実践と科学的研究の分離が暗黙の前提とされていたのだ．対立する両者が大きな接近を見せるのが，1970年代である．自治省を中心としたコミュニティ政策策定の現場において，都市社会学者がコミュニティ政策策定に積極的な関与を見せたことがきっかけとなった．

　1971年にスタートした旧自治省モデル・コミュニティ政策は，都市化によって弛緩した地域住民のつながり，連帯感を，コミュニティ・センターを中心に，新たに組織した住民の管理・運営に委ねることによって回復することを目指し，全国83地区でモデル・コミュニティ事業を展開したものである（山崎編著, 2014）．自治会を中心とした旧来の地域住民組織とは異なる地域リーダーの台頭を期待するものであったが，その政策立案作業の基盤となる理論構築過程に，倉沢進，奥田道大らの都市社会学者の参画が見られたのである．その後1980年代中頃あたりから，ワークショップなど，まちづくりの現場でのノウハウをもたない社会学者は遠ざけられるようになるものの，阪神淡路大震災後のコミュニティへの注目の高まりや，東日本大震災後の地域の復興をめぐる現場において，都市社会学，地域社会学にかかわる研究者のコミュニティ政策への関与が増えたとされる（玉野, 2015）．

　もちろん，こうした実践に関与することの問題はあり，地域コミュニティへの実践的な関与と研究を使い分ける，「外部においては規範的議論に関与しながら，学会内部においては記述的議論にとどめるという『二重帳簿』」（松本, 2003：70）が見られるのも事実である．その一方で，コミュニティ実践の現場にかかわりながら調査を行う研究のあり方も問われてきた．地域コミュニティ，コミュニティ実践にかかわる社会学をめぐっては，調査研究の対象となる地域が，何らかの問題，解決が必要な課題を抱えており，政策的な介入の最前線ともなっている．こうした現場において，社会学に何ができるかという問いかけが切実な課題となっているのだ．

6　コミュニティ実践とのかかわり

　清水洋行は，調査者が調査対象となる団体の日常的な活動場面にかかわり，そしてかかわり続けるためには，「現場にとって何らかの役に立つことが必要」と述べている（清水，2006：181）．では，どのように「役に立つこと」ができるのだろうか．コミュニティ実践の現場では，問題解決のモデルや活動のパッケージ，「いい事例」を紹介してほしいと要求されることが多い．確かに，そうして「成功事例」の持つ喚起力は重要であるだろう．しかし，ここで目指したいのは，コミュニティ実践の現場にかかわることを通して，コミュニティ実践の動的なプロセスをとらえつつ，その役割を検討していくことである．

　調査から研究成果の報告に至る一連のプロセスから考えてみよう．調査の場面で多くのことに気づかされ，学ぶことになる．その成果を，学術的な関心に応じて，学会レベルの議論に投げかけることを考える．さらに，地域コミュニティをめぐる実践の場においてどのような成果を提示するかについて，特にその現場での実践的な関心にどのようにこたえるかに思いをめぐらすことになる．こうしたプロセスを経るなかで，必然的に問いの立て方と理論，調査研究そのもののデザインは，フィールドにかかわりはじめた当初の段階から大きく変化する．実際に，筆者の場合でも，これまでのすべての調査において，フィールドでの調査報告を実施したが，学会等で報告する場合と比べて大きく変化することとなった．その現場にどのような知見を伝えるかを考えることで，理論や知見自体を再考することが必要となったためである．

　こうしたフィールドでの調査結果の提示についてさらに考えてみよう．この前提として，調査・研究が学会報告や論文の形で成果を示すということだけでなく，社会的課題に対する応答にも組み込まれていることに目を向ける必要がある．調査結果の提示は，実態調査の結果を報告するものから，一歩踏み込んだ政策提言を行うことまで，さまざまなバリエーションがある．さらに，調査対象地域だけでなく，他地域で講演や関係機関での研修などの形で研究成果を報告することもある．こうした場において，調査研究における学術的な問いと，実践的な課題に対する問いが重なり合うことはあるだろう．しかし，必ずしも

両者が整合性をもたない場合や矛盾する場合もある．その場合は，「二重帳簿」として処理するか，学術的関心と社会的課題の間を循環しつつ，調整することが必要となってくる．

　このような調整はどのように可能なのか．「望ましいと考える社会的状況の実現を目指して研究者と研究対象者とが展開する共同的な社会実践」としてのアクションリサーチ（矢守，2010，2018）のような形で，調査の段階で現場での解決を志向する研究も増えているが，これもそうしたひとつの調整とも考えられる．矢守克也（2018：5）はアクションリサーチの特質として，進行中の実践のなかに研究という異物を侵入させるという「リサーチ・イン・アクション」を提起しているが，調査と実践が入れ子のような状態になることが実態としては多いはずだ．山本崇記は，研究者と活動者の区分，境界線について，研究者が同時に活動者でもあり，その逆もひとつの運動過程に生じることを指摘し，研究者・調査者が担う役割，立場を自己解析する役割を主張している（山本，2020:20-1）．また，行政委員会に委員として参加する形での参与観察，アクションリサーチも行われている（能勢，2017；田垣，2017）．しかし，地域実践への研究者の関与が要請されるからといって，研究を実践に統合させ，研究者が実践になだれ込めばいいというわけではない．研究者によるコミュニティ実践のかかわりが，その認識枠組みを拘束し，記述・分析をゆがめる要因になるという本質的な問題がつきまとうからだ．また，研究を進める〈大学〉と〈フィールド〉をめぐっては依然として複雑な，大きな葛藤があることを確認しておく必要がある（宮内，2013）．

　このようなプロセスのなかで，筆者は2章で論じるように，コミュニティ実践にかかわりつつ，調査研究を進めている．ここで意識しているのは以下の4点である．

　第1に，まずは，これまで蓄積されてきた研究成果，理論を参照しつつも，現場の課題の固有性に着目する．一般的に語られる「排除」，「孤立」といった問題ではない，当該地域の特有の問題の構造があることに目を向ける．

　第2に，その結果として，よく使われがちな耳障りのいい「概念」や理論ではなく，その場の問題に対応する地域コミュニティのコミュニティ実践において蓄積されてきた「認識」，「方法」をとらえることを目指す．一般的に言われ

ていること，よく言われていることが，その場では全く意味をなさないことがある．また，先進地域のモデルでは通用しないことも多い．その地域コミュニティにおける特有の課題解決に向かうコミュニティ実践のプロセスから新たな知見を得ることを検討する．

　第3に，上述のプロセスにおいて，既存の理論的な視点，理論的関心，特にコミュニティ論と応答しつつ，場合によってはその刷新を目指す．

　第4に，インターローカリティである．当該地域コミュニティでのコミュニティ実践で獲得された知見を，それを過度に一般化することなく，他の地域の同様の問題にも通用するかを確認する．ここでは，ある地域の現場で成り立つ「認識」や「方法」が，他の地域の文脈との応答のなかで鍛えていくことを想定している．地域コミュニティをめぐる研究における実践的な展開の場面に焦点を当て，調査の開始からその結果をまとめ，報告し，そこから理論的・実践的関心に合わせてフィードバックを行うものである．以下では，その内容について，愛知県における地域コミュニティ調査から，一連のプロセスを反省的に振り返る形で考えてみたい．

▍7　愛知県の3地域におけるコミュニティ実践をめぐって

　本書では，愛知県の3地域，西尾市，愛西市，長久手市におけるコミュニティ実践について見ていくが，愛知県の事例を取り上げるのにはいくつか理由がある．第1に，愛知県が多くの人口を吸収し，異質性の高い，流動性の高い地域コミュニティに変容させてきたことにある．愛知県は，第二次大戦後，製造業分野の発展に伴う，労働力需要県として知られ，多くの労働力人口を受け入れてきた（山口, 2016）．1950年代からの重化学工業を中心とした地域開発を基盤にした，トヨタ企業グループの一大工場地帯形成によって，トヨタ企業集団，自動車産業重視の政策を続けたのである（遠藤, 1999）．①中部新国際空港，②リニア中央新幹線，③第2東名，名神高速道＋愛知万博を進めた第七次愛知県地方計画（1998）や，「政策指針2010-2015」（2010）においても，一貫して製造業の基盤を形成してきた（愛知県史編さん委員会編, 2020）．こうした地域政策により，製造業の集積地となり，製造品出荷額（1977年～），付加価値額（1985年

〜）でも全国1位となることで（丹辺ほか編著，2014：17），多くの労働人口を引き寄せた．

　この間，トヨタ自動車を中心とした自動車産業を中核とする，製造業に特化した，労働力人口を引き寄せてきた．国内からの労働力とともに，1990年代からは，日系南米人も多く暮らす地域となった．3章で見ていくように，日系のルーツを持つ外国人の就労を可能とした入管法改定施行の1990年以降は，日系ブラジル人を中心とした外国人の増加が目立っている．愛知県では，こうした形で多様な人口を引きつけ，地域の流動性が高まり，異質性の高い地域コミュニティを形成してきたのである．異質性の高い地域コミュニティ，流動化するコミュニティを考える上で，愛知県は重要な位置を占めているのだ．

　第2に，産業基盤の形成に伴い，財政力が高い地方自治体が多いという条件にもかかわらず，地域コミュニティに課題解決の期待を寄せる自治体が目に付く点である．三大都市圏のなかでの名古屋圏は，「一極集中型」の東京圏，京阪神という「3極構造型」の大阪圏に対して，名古屋市周辺に製造業を中心とした自立した経済力をもつ中規模都市が核となる「多核重層型」を特色とする（山田，2013：7）．実際，名古屋市に限らず，特に製造業の集積する三河地域を中心に，財政的，人口基盤が安定した地域が多く，財政力指数（2019〜2021年度三カ年平均）2.10という，全国の市町村で一位の財政力指数を誇る飛島村も存在する．本書で取り上げる地域の財政力指数（2019〜2021年度三カ年平均）は，西尾市0.98，愛西市0.62，長久手市1.09とバラバラではあるが，相対的に人口をひきつけ，人口についても，全国的に見れば相対的に安定した基盤を有している（表1‐1）．

　3地域は，いずれも名古屋市郊外，中京都市圏に位置し，宅地開発が進み，2000年代からさまざまな地域コミュニティの課題が顕在化し，噴出した地域である．その中でも，それぞれ特色を持つ3つの地域に着目した．西尾市は西三河南部に位置し，第二次産業比率と外国人人口比率が高いことに示されるように，製造業に多くの労働者を引き付けてきた地域である．こうした中での移住者，特に外国籍住民との地域コミュニティ形成が課題となっている．愛西市は名古屋市東部に位置する地域で，名古屋市のベッドタウンと農村地域が混在する，相対的に高齢化率が高い地域であり，高齢化に伴う地域コミュニティのさ

図1-1　調査対象地

出所：https://www.pref.aichi.jp/site/userguide/link-citytown.html（2021年9月30日確認）より作成.

表1-1　愛知県3地域の人口（国勢調査）

	1960	1965	1970	1975	1980	1985	1990	1995	2000	2005	2010	2015	2020
西尾市	122,726	125,257	130,913	140,563	146,010	152,462	155,559	158,693	159,788	163,232	165,298	167,990	169,046
愛西市	38,629	41,279	48,104	67535	61,337	62,983	63,143	64,216	65,597	65,556	64,978	63,088	60,829
長久手市	6,639	7,583	11,317	14,495	18,610	25,507	33,714	38,490	43,306	46,493	52,022	57,593	60,162

注：西尾市の2010年以前，愛西市の2005年以前の数値については，合併前の市町村データの合算による.

表1-2　愛知県3地域の基本データ

	西尾市	愛西市	長久手市
第二次産業従事者比率（2015年）	44.0%	29.5%	22.7%
第三次産業従事者比率（2015年）	48.1%	60.2%	72.2%
高齢化率（2020年10月）	25.4%	30.9%	16.5%
外国人口比率（2020年10月）	5.8%	1.7%	1.9%
財政力指数（2018-2020三カ年平均）	0.98	0.63	1.09

まざまな問題が顕在化した．名古屋市東部に位置し，豊田市とも隣接する長久手市は，高齢化率が非常に低く，人口増加が依然として著しい地域であり，地域コミュニティ形成が課題となっている．この課題に対して，筆者は地域コミュニティのコミュニティ実践にかかわる形で調査を続けてきたが，次に，その経緯とかかわりのプロセスについて述べておきたい．

8　愛知県3地域のコミュニティ実践とのかかわり

　3地域での調査はすべて，コミュニティ実践の現場から調査研究の要請を受け，その地域での課題にこたえるための調査としてスタートしたものだった．西尾市での調査を始めたのは，愛知県立大学に着任した直後の2001年4月，同僚の山本かほり氏にさそわれ，外国籍住民が急増した県営B住宅自治会における，共生の地域コミュニティづくりのための外国籍住民調査にかかわることがきっかけとなった．このB団地は，2020年10月1日現在で外国籍世帯が41戸，入居比率は61.2％であり，2006年に町内会の下部組織として「外国人交流支援の会」が設置され，2007年からペルー人の自治会長が誕生するという，多文化共生の地域コミュニティづくりにおいて注目される特色をもつ．調査開始当時は特に注目されていた団地ではなかったが，2001年の段階においても約4割が外国籍住民という，入居比率が非常に高い住宅であった．2001年から，外国籍住民の多く居住するB団地をはじめとして，外国籍住民が多く居住する3つの県営住宅でのアンケート調査，西尾市外国人登録者への郵送のアンケート調査などを実施した．さらに，県営B団地を中心に，関係者への聞き取り調査，西尾市内の外国人支援団体の日本語ボランティア，会議の書記，事務作業などにかかわりつつ参与観察を行った．2章で詳細を論じるが，特に，B団地自治会を中心に実施されていた外国籍住民支援の取り組みを地域全域へと広げることを目的に設立されたボランティア団体での参与観察に力を入れてきた．現在もさまざまな調査を組み合わせる形で，参加型のフィールドワークを継続している．この事例については2章から4章で論じていく．

　愛西市の孤独死に関する調査研究は，2007年に愛西市役所の鷲野明美氏（現日本福祉大学）からの，実態調査，および事業推進のための委員会委員就任の依

頼からスタートした．2007年度の厚生労働省による「孤立死防止推進事業（孤立死ゼロ・プロジェクト）」が実施され，この事業のモデル地区として全国13都府県，9政令指定都市，56市町村の全78自治体が選定されたが，愛知県内では名古屋市，安城市とともに，愛西市が選定されたことが，調査実施のきっかけである．愛西市では，孤独死に関する実態調査，および，孤独死が多く発生した地域での高齢者調査を実施した．このうち，孤独死の実態調査は，愛西市職員と協働で，市役所職員，民生委員，その他関連機関で聞き取りを行ったものである（鷲野・松宮，2012）．この調査と，孤独死の多く発生した地区でのアンケート調査をベースに，対策の枠組みを提言することとなった（愛西市福祉部高齢福祉課・地域包括支援センター編，2008）．この課題については，5〜6章で論じたい．

　筆者が勤務する愛知県立大学の所在地である長久手市の調査は，2012年度に市と社会福祉協議会から地域福祉計画・地域福祉活動計画策定に向けての調査委託を受けたことによる．この調査は，長久手市地域福祉計画・地域福祉活動計画策定の座長で，当時同僚だった佐野治氏（現福井県立大学）との共同の調査研究（佐野・松宮，2013）からスタートした．そもそも，長久手市との連携事業は，2005年の愛・地球博開催時の調査研究を端緒としている．これは，大学の地域連携事業の一環として，万博がもたらした地域への影響を把握するために実施したものである（松宮，2007）．長久手市における地域参加促進の可能性を検討することを目的に，大学の地域連携事業として取り組むことになったのである．こうした経緯のなかで，地域福祉調査，高齢者調査の受託を受け大学の地域連携の取り組みのひとつとして実施した（松宮，2014a）．調査結果を踏まえ，『長久手市地域福祉計画・長久手市地域福祉活動計画』（長久手市・長久手市社会福祉協議会編，2014）の策定に結びつけた．その後，長久手市の地域福祉の取り組みに関する調査研究，地域福祉活動へのかかわりを，長久手市社会福祉協議会のコミュニティソーシャルワーカーとして活躍していた加藤昭宏氏（現半田市社会福祉協議会）と共同で行っている（加藤・松宮，2020）．長久手市の事例については，7章と8章で検討していく．

9　3地域の地域コミュニティ

　以上，3地域における調査研究を開始した経緯について概観してきた．以下の各章では，3地域での調査研究から得られたことを論じていくが，その前段階の作業として，3地域における社会的課題，調査地域選定の理由，地域社会の社会的課題に対する政策的背景，調査地域の地域コミュニティの現状，調査の概要について，3点にまとめる形で確認しておきたい（表1-3）．

　第1に，地域コミュニティが焦点化される背景として，社会的課題を地域コミュニティによる解決に委ねるという，政策的動向が挙げられる．3地域の課題に引きつけてみると，外国籍住民の増大にともなう問題，孤独死の増加，地域福祉課題を地域コミュニティで解決することが政策的に推進されている点に注意したい．西尾市の外国籍住民が集住する公営住宅の場合，1996年の公営住宅法改正により加速した生活困窮層の集住に対して，公営住宅の自治会を中心とした地域コミュニティによって対応することが要請されている．愛西市にお

表1-3　愛知県3地域におけるコミュニティ調査

	西尾市	愛西市	長久手市
経緯	自治会からの依頼	自治体からの依頼	大学連携事業
社会的課題	外国籍住民の増加	孤独死の増加	人口急増と地縁組織率の低下
調査地域選定の理由	外国籍住民比率が最も高い団地をはじめとした3つの県営住宅	孤独死の比率が最も高い地区	自治会加入率が最も低い小学校区
政策的背景	公営住宅法、移民政策の不在	厚生労働省の孤立死対策	社会福祉法、「地域包括ケアシステム」・「地域共生社会」
コミュニティの現状	公営住宅の高齢化、福祉対応	高齢化	地域参加の減少
コミュニティの現状	外国人コミュニティとの断絶	地縁組織との断絶	テーマコミュニティとの断絶
調査	アンケート・インタビュー・参与観察	インタビュー・アンケート	インタビュー・アンケート・参与観察

ける孤独死対策に関しては，2007年度の孤立死防止推進事業以降，予防・早期
発見に対する，地域コミュニティへの期待とつながりの再構築が政策的に重視
されてきた．長久手市に関しては，「地域包括ケアシステム」構築，「地域共生
社会」の推進において，地域住民が，地域の福祉団体と連携して地域生活課題
を解決することによって地域福祉を推進することが求められ，地域住民の地域
コミュニティ参加が強く要請されている状況が背景として存在する（加藤・松宮,
2020）．このように，強い地域コミュニティへの期待と，コミュニティ実践に
課題解決を強いる政策が背景にあることに注意したい．

　第2に，政策的な期待とは正反対の，地域コミュニティの弱体化を踏まえて
おく必要がある．西尾市の場合，公営住宅のコミュニティ実践の困難として，
高齢者，障害者などの「福祉カテゴリー」層が増加し，団地に集住することで，
高齢化，担い手不足による地域コミュニティ構築の条件が厳しくなっているこ
とが挙げられる．愛西市の孤独死対策にかかわる孤独死多発地域の調査では，
政策的意図とは正反対の地域コミュニティの困難が見いだされた．また，長久
手市では，自治会加入率が愛知県内で最も低い53％であり，地縁組織を中心と
する地域コミュニティの弱体化が進んでいる．そもそもどのような統計データ，
調査結果を見ても，孤立の増加，地域参加の低下が指摘されており（石田,
2018），コミュニティ実践の条件が極めて厳しいという条件を指摘することが
できる．いずれの地域においても，地域コミュニティが困難な状況を前提とし
て，その再生への道筋を検討することが求められていたのである．

　第3に，既存の地域コミュニティの危機，コンフリクトに対応した，地域コ
ミュニティの再編，新たな参画の可能性の提示が求められている点である．こ
の点については，既存のコミュニティ論を批判的に再考することから，新たな
地域コミュニティ形成の可能性を視野に入れ，地域コミュニティ変容の実践的
方法を追求することが必要となった．

　以上みてきたように，3地域は，すべて都市部のコミュニティであり，条件
が不利ななかで，地域コミュニティ再生の可能性を検討することが求められて
いた．初発の段階において学術的な問題関心から調査対象地域を選定するとい
うものではなかったが，調査対象地の現場からその社会的課題を明らかにし，
課題に対する方法を探る上で，社会学の知見，コミュニティ論の課題に引きつ

けて検討することが不可避となり，理論的な再検討を試みることとなったのである．次章では，このなかでも西尾市のコミュニティ実践へのかかわりを中心に，その方法について論じてみたい．

注 ───────

1）筆者が「コミュニティ実践」という概念を使うきっかけとなったのは，科研プロジェクト「多層的で動的なプロセスとしてのコミュニティ」（研究代表：宮内泰介北海道大学大学院教授）の研究会の場で，本書の草稿となる研究報告の機会をいただいたことによる．なお，よく似た概念に，レイヴとウェンガー（1993）による「実践コミュニティ」（community of practice）がある．これは，何らかの課題について関心を共有し，その分野の知識や技能を，持続的な相互交流を通じて深めていく人びとの集団を指すもので，本書で用いる「コミュニティ実践」とは異なる．

2）邦訳は2006年に出版されている（デランティ，2006）．本書ではコミュニティ概念，理論に関する膨大な議論のうち，最低限の整理のみしか行っていない．コミュニティに関する理論，思想については，伊藤ほか編（2017），桜井（2020），橋本・吉原・速水編著（2021）がある．また，その理論がわかりやすく書かれた都市社会学の書籍として，赤枝（2015），玉野編（2020），ソーシャル・キャピタルについては稲葉編著（2021），多文化と福祉コミュニティについては，三本松・朝倉編著（2020）に詳しい．

3）愛・地球博をめぐる開発，財政の問題については，早川（2008）に詳しい．

2 章

コミュニティ実践のフィールドワーク

▌ 1　地域コミュニティの智恵と文化

「地域がよくなるのは地元からのアイデアで」

「よそから持ってきた智恵や文化で，地域が本当に生き延びられるわけが
ない」

（宮本・安渓，2008）

　これは，学術研究を超えてフィールドでの実践活動にかかわっていく決意を
した人類学者の安渓遊地が，戒めとして心にとどめた宮本常一の言葉である（宮
本・安渓，2008）．研究とともに地域の実践にかかわる者にとっては身につまさ
れる言葉であり，強く，重く響くはずだ．地域のことを考えるために，その地
域で暮らし，その場で生きる人たちの智恵と文化が重要になる．この宮本の言
葉に示される，地域の智恵と文化に対して，コミュニティ実践にかかわる「当
事者」ではない研究者はどのように向き合うべきなのだろうか．地域の外から
持ち込んでくる「概念」が，いかに美しい響きを持っていたとしても，実際に
は力を発揮することができない．ここでは，コミュニティ実践から地域の智恵
と文化について学ぶことと，同時に注意しておくべき問題について考えてみた
い．

　さて，本書の目的の中心は，コミュニティ実践で積み上げられてきた「方法」
に学ぶことである．人口縮小，財政難という構造的な問題を抱える中で，地域
はどのように対応するのか，どのような「方法」があるのかという点について

は，地域住民の自律性，主体性，共同性を基盤として，地域の資源を生かした自治的な取り組みを重視する「内発的発展」が模索されている（松宮，2010b）．ここでは学術的な問題関心と実践性をどのように統合するかが課題となるが，地域コミュニティの潜在的な能力を発見し，地域の強みを生かす形で，つまり，地域コミュニティで築き上げられてきた智恵と文化の可能性を追い求める傾向が強くなっている．現代社会のさまざまな問題に対して，地域の強み，すなわち，地域で暮らす人びとが築き上げてきた共同性の強みをどのように見いだし，発展させていくかという点に焦点が当てられるのだ．

2　現場で求められることとかかわること

　ここで，筆者の西尾市でのフィールドワークから考えてみたい．西尾市の調査結果をまとめ，報告した直後，筆者の調査報告書作成や調査でのかかわりをめぐって，「調査のためなら来ないでいい」という言葉を強い口調でぶつけられたことの記憶が，いまだに強く残っている．自分としては学術的な調査にとどまることなく，調査結果を報告し，現場に還元するという取り組みをしたと考えていたので，とても衝撃を受けたのだ．もちろん，後述するように，その後の関係から考えると，調査だけでなく，さらに一歩深く現場でのコミュニティ実践にかかわれという戒めの言葉であったように思う．いずれにせよ，研究成果を学術論文という形だけではなく，現場に還元するという目的で調査報告書をまとめたと考えていたものの，それが極めて不十分なことを認識させられることとなった．これまでも，「ニーズ把握や住民意識を重視したという姿勢を強調するアリバイ作りのような調査があることも否定できない」（高野，2011：48）とされてきた．調査結果の公表と社会的還元が必要（高野，2011：45）ではあるが，現場に調査結果を報告する際の方法論はないに等しく，それぞれの立場から自前の方法を紡いでいくしかない．筆者の場合も，自分の調査のかかわり方への反省と，地域コミュニティでの調査研究自体の再考を迫られることになったのである．

　この点について，土居洋平は，地域づくりにかかわる調査のなかで，「研究のための研究，調査のための調査には協力できない」と言われた経験を語って

いる（土居，2010：205）．こうした調査地域との関係に対する要求は，決して珍しいことではない．専門的知識の提供や，ボランティアとしてのかかわりなど，フィールドに対してより積極的にかかわることの要請は強くなっていると言えよう．このような背景には，大学に地域連携・地域貢献が求められている状況がある（松宮，2011）．外国籍住民が集住する多くの地域で，研究者・学生，行政，NPOがさまざまな調査を実施している．こうした調査に対して，一定期間ボランティアスタッフとして活動に貢献することを条件にして，調査を制限することもあるという（岡田，2014）．これは，まちづくりや地域福祉などさまざまなコミュニティ実践の現場でも同様だろう．

　その一方で，調査対象となった地域住民からの「自分たちはモルモットではない」とする，調査研究に対する批判は，地域コミュニティに実践的にかかわろうとする調査研究に対して繰り返し投げかけられてきた（奥田，1983）．もちろん，この問題は，コミュニティ実践により深くかかわれば解決するというものではない．「『実践』という言い方に深く仕込まれている判断停止，早上がりへの誘惑になだれ込むだらしない快楽」（大月，1997：207）は，常に肝に銘じておく必要がある．と同時に，地域の活動やコミュニティ実践にかかわる調査においては，調査結果を調査報告書や論文にまとめるだけでは終わることができず，現場に寄与する活動，調査結果からの提言や，研修，講演などでかかわりを求められることが常態となっていることにも目を向ける必要がある．地域社会の課題にこたえる地域コミュニティ研究はどのような形で展開できるのか，西尾市のコミュニティ実践での筆者のかかわりのプロセスを通して検討していこう．

3　これは何のための調査なのか？

　愛知県西尾市にあるB団地は，ブラジル人を中心とした外国籍住民の入居比率が6割弱と非常に高い県営住宅である．2001年春から続けているこのB団地での調査は，「これは何のための調査なのか？」という現場からの声に対して，どのようにこたえるべきかを模索するプロセスだったと言うことができる．あなたがたはどのような立場なのか，この調査は何の役に立つのかという問いか

けが厳しく投げかけられてきたわけだが，こうした声にどのようにこたえることができるのだろうか．

　具体的に見ていこう．調査に協力していただいた方々に対して，基本的には「地域での調査を積み重ね，問題を明らかにし，多文化共生の取り組みにつながるように行政に働きかけようと思っています」と説明していた．しかし，直接調査の説明が求められた場合には，その状況に応じて変えることもあった．あるアンケート調査にご協力いただいていたブラジル人住民が「この調査は何のために行っているのか」と説明を求めてきた際には，「実態を把握し，外国籍住民の声を市に反映させるため」とお話しした．また，ある外国籍住民の集住地域で郵送調査を実施した時には，調査対象者となった日本人の方から電話で「おまえたちは外国人の味方なのか」，「なぜ外国人出て行けと言わないのか」と詰問されたことがあった．この時には，価値判断抜きの実態把握が重要であるという研究の趣旨と，さまざまな立場の住民の声を把握するという研究者としての立場を説明し，調査への協力をあらためてお願いした．これらはあくまでも一例に過ぎないが，ここから見えてくるのは，調査の目的と，調査者の立場性の問題に対して，研究のため，そして研究者という立場の説明だけでは十分通じなくなっているということだ．一見すると，このような事態は，社会調査をめぐる「困難」としてとらえられるかもしれない．しかし，ここでの目的は，調査に対するクレイム処理方法という技術論，調査を円滑に進めるための手段・技法を論じることではない．むしろ，こうした声にこたえる一連のプロセスの中で，社会調査の新たな可能性を開くことができるのではないかという点にある．順に論じてみたい．

4　西尾市調査の開始

　B団地での調査は，団地の自治会から大学への問い合わせがあり，大学として外国籍住民の増加の地域的取り組みに寄与することを求められたことがきっかけだった．このような背景には，大学に多文化共生などの面で地域連携・地域貢献が求められている状況があるだろう．外国人をめぐる調査では，研究者側からの調査の申し出が受け入れられるかどうかだけではなく，調査協力者に

対して一定の貢献が求められる．ここでは，研究者の側の問題関心に先行する
形で地域コミュニティの側のニーズがあるという点が重要だろう．これはB団
地での調査についても同様だった．

　このB団地は，多くの研究で注目されていた大規模団地ではないが，外国籍
住民の比率が非常に高い住宅である．このような地域ではどのような調査が必
要なのか．2001年の春，最初に西尾市の団地を訪れた際に，筆者はいわゆる「外
国人問題」を念頭において調査に臨んでいた．外国籍住民の増加した地域では，
ゴミ投棄のルール違反，違法駐車，騒音，子どもの不就学，住民間の摩擦など
の「問題」が先行研究の多くで指摘されており，こうした情報に筆者自身が強
く影響を受けていたためである．最初の調査では，このような「問題」を発見
するという目的で調査票を設計した．他の地域で危惧されていたような「問題」
を明らかにし解決の糸口をつかむために，外国籍住民がかかえる困難，ニーズ
を把握しようと，ある種の使命感に燃えて調査を実施していたようにも感じて
いる．

　こうして2001年から2004年にかけて，ブラジル人住民，日本人住民それぞれ
を対象にしたアンケート調査を実施した（松宮，2008）わけだが，ここで明らか
になったのは次のようなことだ．ブラジル人住民に関しては，会話ができて読
み書きも少しならできるという人は2割程度にすぎず，大半が日本語について
困難を抱えていた．そして，日本人住民との交流はあまりなく，同国人同士の
つながりが圧倒的に多くなっていた．一方，日本人住民の調査からは，外国籍
住民が増えたことによる生活環境の悪化などはそれほど意識されていなかった
ものの，ブラジル人・ペルー人が近隣に居住することに対して半数以上が否定
的な意識を持つことが見えてきたのである．

　しかし，団地でのアンケート調査，聞き取り調査を行う中で，認識の転換を
迫られることとなった．4章で詳しく論じるが，自治会に外国籍住民が役員と
して参加するしくみが作られ，外国籍住民への支援だけでなく，祭りや行事な
ど外国籍住民主体の活動が行われ，いわゆる「問題」が回避されていたのであ
る．ここで筆者自身の課題は，自身の問題認識自体を乗り越え，外国籍住民の
増加が地域の「問題」を引き起こすという，それまで自明なものとされてきた
認識を相対化し，その分析結果を地域で報告することだと考えていた．しかし，

こうした最低限の仕事をする上でも，筆者の中に西尾での取り組みを解釈する枠組みがあまりにも不足しており，地域から求められたことに対しても，そして研究という目的に対しても，きわめて不十分であるように思われたのである．

▌ 5 「調査だけなら来ないでほしい」

　筆者はさらなる実態把握が重要と考え，聞き取り調査を中心に調査を継続することにした．研究のひとまずの目的は，コミュニティ実践で蓄積されてきた「方法」に学ぶことを通して，地域コミュニティの共生に向けての問題と課題，可能性を議論する上での基礎資料を作るというものだった．コミュニティ実践の基礎資料として，政策提言の資料として利用され，「役に立つ」だろうと安易に考えていたのである．

　ところが，こうした調査を約1年間続けた2002年5月，外国人支援団体G会の代表者A氏から電話をいただいた．筆者たちの調査が「研究のための研究」とはならないようにしてほしい，「調査だけなら来ないでほしい」と厳しく批判されたのである．調査結果を報告書にまとめ，調査でお世話になった地域で調査報告会も開催し，知見の共有をしているつもりだったが，実際のところ，学会で報告し，論文にまとめるという以上の見通しを持っていなかった．「自らの社会学的な関心と地元住民の実践的な関心とのズレ」，そして，フィールドワークを続ける中で「われわれの課題に社会学はどう応えてくれるのか」という地元住民からの鋭い問いかけ（足立，2010：286）に対して，筆者自身準備ができていなかったと言うしかなかった．

　この出来事を通じて，単に「地域に入り込む」というだけではなんにもならないことを痛感させられた．「研究成果の地域への還元」というかたちで安易に語られがちではあるが，データの公表が現場でどのように役に立つのかという目算なしに，研究する側の関心に合わせて結果をまとめるだけでは意味がないのである．では，何が必要なのか．

6　何が必要なのか

　日本での外国人を対象とした調査研究の中でも，外国籍児童・生徒に関する調査研究においては，臨床的アプローチ，アクションリサーチなど，研究者の実践的役割が積極的に模索されている．こうした調査は，地域コミュニティレベルの研究においては,新原（2006, 2016）などを除いてあまり行われていなかった．そこで他領域のフィールドワークを参考にしつつ，以下の2つのかかわりを中心に試行錯誤することとなった．

　第1に，B住宅とその他2つの団地の自治会の行事などに参加させていただきながら調査を実施していった．ひとまずアンケート調査によって数値化されたデータとして把握することはできたのだが，数字に示されるものと，団地で聞くことや目にしたこととの間にはどうもズレが多いことが気になっていた．端的に言えば，アンケート調査から見えてくる内容と，筆者自身が団地で経験したことをうまくつなげて理解することができないのである．フィールドで教えられることから自身の認識枠組みを変容させることなく，調査研究の前提とした枠組みにこだわる「調査票中心主義」（宮内，2005）の問題に陥っていたのかもしれない．アンケート調査の結果から直接的にストーリーを描き出すとすると，日本語ができない外国籍住民が増加し，外国人に対して否定的な意識を持つ日本人住民との間に何らかのトラブルが想定されるはずだった．しかし，団地では，コミュニティ実践によって，こうした「問題」が事前に回避されるか，あるいは起きたとしても解消されてきたのである．少なくともそれまでの研究や各種メディアで報道されてきた「外国人問題」とは大きく様相が異なっていた．これはどのような理由によるものなのだろうか．当時の筆者はデータに現れた世界を理解するだけの経験が十分になかったのである．

　こうした反省を踏まえて，団地に暮らすブラジル人住民，日本人住民に対してできるだけ聞き取り調査を積み重ねていこうと考えた．話を聞かせていただくことができそうな方々を訪ねてまわり，日本語ができないブラジル人住民に対してはポルトガル語ができる学生に通訳をお願いしながら聞き取り調査を続けたのである．しかし，結論から言えば，ますます混乱したことが多かった．

　たとえばこんな具合だ．ある自治会役員は団地で見かけることが多くなった外国籍住民の様子について，「こっちがびっくりするようなことを平気でする．本当に腰を抜かすことばっかりだ」と戸惑いを語るのだが，実際に外国籍住民と接する場面では，懇切丁寧に，笑い話を交えながらさまざまな相談にのっていた．言葉で語られたことと実際の行動には大きな違いがあるのだ．また，団地の行事としてフェスタジュニーナ（ブラジルの六月祭り）を採用することを決めた日本人の自治会役員は，その意義深さ，そして外国籍住民との関係形成を評価しようとする筆者に対して，「向こうは向こう，こっちはこっちだから，そんなにたいしたことはないよ」と素っ気ない．しかし，フェスタジュニーナがはじまると大声を出してブラジル人住民の輪に加わっていくのだった．このようなことは日本人住民ばかりではなく，ブラジル人住民へのインタビューでも同様だった．あるブラジル人住民は，団地での生活でたくさんの差別的な言葉を投げかけられたことに対する憤りを訴えていた．団地内で「問題」が起きていない現状に対して，「日本人が慣れてきただけだよ」とやや否定的なニュアンスで語る一方で，自治会役員の日本人に対しては強い信頼を表明する．いずれの場合も筆者が聴いた言葉からきれいなストーリーにまとめようとしたときには，「いや，そういうことではなくて」と強くたしなめられ，筆者が十分理解できていないことにもどかしさを感じているようだった．これは単純化すると，意識レベルと行動レベルのズレと言えるかもしれないが，それだけではない．

　こうした言葉をどのように「聴く」べきなのだろうか．この点について，新原道信は，神奈川県にある外国籍住民が集住する県営団地の自治会役員による，外国籍住民に対して向けられたやや乱暴に聞こえかねない語りを「聴く」ことについて，次のような指摘をしている．「そこ」から逃げるという選択肢がない団地住民にとって，「ともに住んでいることで相手のよい面も悪い面も両方見ざるを得ないし，ぶつからざるを得ない．そのような日々の衝突の体験を通じて，より実感のこもった現状感覚と現状認識が蓄積され」，「言葉は生み出される」（新原ほか編，2006：374）．そう考えると，語られた言葉だけではわからないこと，筆者自身の団地の生活場面へのかかわり方によって見えていないものが多かったのではないか．何よりも必要なことは，言葉が生起する生活の文脈

に入ることだと痛感させられたのである．地域コミュニティの智恵と文化をとらえるための方法とも言える．

　こうした筆者の関心だけでなく，自治会を中心としたコミュニティ実践への協力も求められた．その際，ワンショットの調査，すなわち調査した結果を論文としてまとめて終わりという調査については拒否されることとなった．通常の社会学のフォーマットによる成果ではなく，現地での説明会や，提言書などの形でデータを用いることができるような調査が求められたのである．自治会の人たちへの報告会を行い，意見に耳を傾けていく中で，調査の設計自体の妥当性も考えることとなった．調査項目の設定が妥当であるかなど技術的問題だけでなく，調査の前提となる問題関心のあり方を再考することに対して役立つ部分が多かったと言える．

　このような経緯で，さらにコミュニティ実践にかかわるよう，G会への参与観察を進めた．詳細については4章で述べたいが，このG会は，B団地自治会を中心に実施されていた外国籍住民支援の取り組みを地域全域へと広げることを目的に設立されたボランティア団体である．会長は元B団地自治会長A氏が担っており，副会長は別の団地に長年居住するブラジル人住民が携わっていた．その他の役員は町内会役員，学校関係者，市会議員，市民団体役員などであり，筆者は記録係としてかかわらせていただくことになった．記録係という立場は文字通り記録をとることが期待され，議事録作成などの作成で一定の貢献ができる点が魅力だった．こうした記録係としての役割は，書類の作成や行政への文書，企画書の提出，地域への報告などにつながっていく．さらに，その時ごとに地域で課題となっていた地域活動，進路説明会などの教育支援を行うシンポジウムを企画し，調査データをもとに西尾市への提言・要望書作成を作成するなど，地域のニーズにこたえる調査結果の利用を徐々に進めていったのである．

　第2に，そしてこれが最も重視した点であるが，ブラジル人の住民が主体となって行っている活動，行事にできる限り参加することにした．西尾市の集住団地の特色として，外国籍住民の参加が見られ，2007年度4月からはB団地の自治会長にペルー人住民が就任するように，外国籍住民主体の活動が活発に展開されている点が特色と考えていた．こうした活動がなぜ可能となったのか，

シュハスコ（バーベキュー）やフェスタジュニーナ，ブラジル人住民によるポルトガル語教室，運動会などの行事に学生とともにボランティア的なかかわりを強めていく中で，その実態の把握と，外国籍住民のかかえる課題の把握を行い，自治会，G会のコミュニティ実践につなげていくことを試みた．

　もっとも，これは非常に不安な調査だった．質問項目リストに基づいたインタビューをするわけでないにもかかわらず同じ場を共有し，しっかりと聞き耳を立て観察をしているという中途半端なかかわりなのだ．ブラジル人の多くは握手やハグという形であいさつをかわすのだが，筆者はその最初の出会いの場面からぎこちない接し方しかできなかった．ポルトガル語に関しては，ほんの初歩しか勉強していないため，もっぱら日本語での会話だ．まったく会話ができない人たちに対しても，その場で知り合いになった人に通訳をお願いしながらの，あまりほめられたものではない調査となった．このように，最初のうちはどこか居心地の悪さを感じながらのフィールドワークとなったが，ひたすら日常生活について話をしたり聴いたりすることもあれば，子どもの成績表の見方を尋ねられたり，日本の教育制度の説明が求められたり，生活上の相談を受けることも多くなってきた．何度も通っていくうちに，それがどのような場なのか，自分はどのような立場でかかわればいいのか，状況に応じて振る舞うことができるようになり，しだいに出会いの場面でも自然に握手をすることができるようになっていた．

　その中でも一番多く出かけたのはシュハスコの場である．ここでは多くのブラジル人住民が集まり，ゆっくり話しを聞くことができた．ここでシュハスコについて説明しておこう．シュハスコとは，日本語ではバーベキューということになるのだろうが，一般にイメージされるものとは様子が異なっている．天気のいい休日の昼頃からスタートして，とにかく長時間続くのだ．屋外に持ち出されたスピーカーからブラジルの音楽が流れる中で，トランプやサッカーに興じる人，子どもたちと遊ぶ人と，その場での過ごし方はさまざまだ．大量の肉が前日から準備され，男性が肉を焼き，次々と焼かれてくる肉とともに参加するメンバーの家から持ち寄られた料理を食べ，ビールやガラナという炭酸飲料を飲みながら，話がつきることはない．次々と人が現れては，握手やハグで出迎え，日が暮れるまで続いていく．「日本人」の参加者は，日本語教室の先

生や，ボランティアにかかわる人，自治会役員などが来ることがあるものの，あまり多くない．

　通い始めた最初の頃には，このようなシュハスコに対して，日本文化とブラジル文化の違いという形で説明してしまいたい誘惑にかられた．バーベキューや飲み会のような「日本」的な場の過ごし方とあまりに違うように感じられたからだ．しかし，シュハスコの場面は，次第にこうしたステレオタイプ的なイメージとは異なる形で見えてきた．筆者がよく参加したのは，団地で暮らすブラジル人のグループによるものだが，派遣会社の通訳が主催するもの，宗教団体主催のものなどさまざまなグループのシュハスコが行われている．いずれの場合でも，シュハスコの機能面を見た場合，仕事や生活に関する情報交換の場であり，実際に，シュハスコで知り合った人から仕事やアルバイトを紹介してもらうことも見られた．また，仕事だけに限らず，子どもの教育や家族の問題，生活全般にわたる相談の場であり，新しく来た仲間を紹介するなど，住宅内，近隣のブラジル人にとって必要不可欠なコミュニケーションの場であり，地域コミュニティなのだ．

　2つのコミュニティ実践への参加を通して，何らかの貢献を行うこと，そしてそこから生み出された関心に基づいて，さまざまな調査を組み合わせていくことが役割だと考えるようになった．そして，こうした活動に参加する中で，筆者の問題関心自体の変容につながっていく．具体的には，外国籍住民の増加に伴う「問題」としてとらえる枠組みから，地域の中でどのように共に暮らす実践の手法が構築されたのか，コミュニティ実践の「方法」への視点の転換があった．コミュニティ実践における智恵と文化を探り出すことを焦点化したのである．同じく外国籍住民が多く定住した公営団地におけるフィールドワークを続ける新原道信の言葉を借りれば，予め答えが含みこまれているような問題の解決ではなく，枠組みそのものへ「問い」を発し続ける「創造的活動」，そして「生存の場としての未発のコミュニティ」の萌芽を掘り起こすこと（新原，2016）を目指したのである．

┃ 7　マルチメソッド，モード論

　上述の西尾市でのかかわりを深める中で，生活史の聴き取り，参与観察を含むフィールドワーク，意識調査，地元紙の分析などさまざまな手法を用い，地域教育支援，団地のコミュニティ実践，西尾市日本人住民意識調査，西尾市と協働で実施した外国人登録原簿を用いた外国籍住民調査（山本・松宮，2009）など，さまざまな調査を行ってきた．公立学校に通う外国籍児童の保護者調査のように，コミュニティ実践にかかわる基礎資料としてのみ用い，研究のためのデータとしては用いなかったものもある．

　こうした外国籍住民が増加した地域コミュニティにおいて，コミュニティ実践への参与観察を続けつつ，多角的な調査を組み合わせることで分析を行うことが，実践レベルでも，研究レベルでも最優先すべきと考えた．ここでの関心の中心は，地域コミュニティでどのような知識が求められているかという点にあり，これが研究のレベルで視点を鍛え上げる際にも意味を持っていた．ここで参考になるのがモード論の議論だ．ある学問の内部の価値体系に基づく知識生産であるモードⅠと，社会の関心事に基づく知識生産としてのモードⅡ（サトウ，2001：6）に分けて考えてみた場合，西尾市で行ってきた調査はモードⅡに位置づけられる調査研究と言えるだろう．重要なのは，サトウが指摘するように，モードⅡの知識生産は，学会レベルで蓄積されてきたモードⅠにおける知識を「応用」するということではなく，モードⅡに基づく研究がモードⅠの知識への環流につながるという点である（サトウ，2001：8）．具体的には，コミュニティ実践の調査結果を徹底的に分析し，考察し，何らかの実践に役立てること（モードⅡ）は，解体要因として位置づけられがちな外国籍住民の増加という視点を相対化し，外国籍住民との共生の技法や，文化的実践をとらえる知識生産につながる（モードⅠ）と考えた．こうしてコミュニティ実践で求められた調査を積み重ねていく中で，「問題」という認識を前提とした視点から，地域でどのように「問題」を食い止めたのか，どのようなコミュニティ実践から生み出された「方法」なのかを明らかにするという研究上の視点の変化につながったのである．

8　何のための，そしてだれのための調査なのか？

　外国人をめぐる調査の中で，調査対象となる地域コミュニティの側から調査に対する疑問や要望が強く寄せられるという状況に対して，研究者としてどのようにこたえることができるのかを，西尾市での調査から考えてきた．近年の外国人調査がおかれている文脈からすると，何らかの地域への貢献が求められる状況であること，そして，そのことを「困難」ではなく，積極的な意義を持つものとしてとらえることを論じてきた．記録作成など事務的な貢献や，会の活動に用いる調査データの作成など，地域のために「役に立つ」調査という部分もあったかもしれない．しかし，ここで強調したいことは，実践上の意義というよりも，研究としての意義を持つ点だ．「問題」を明らかにするだけでなく，地域コミュニティのニーズにこたえる調査に取り組む中から，調査の設計においても，その前提となる視点の取り方においても意味を持つということである．これは，調査のための技法というよりも，問題関心のあり方をフィードバックする回路を用意する，本質的な調査方法論にかかわる問題であると考えている．

　ただし，いくつか問題があったのも事実である．ひとつは，調査倫理の問題がある．地域でのかかわりを必然的に伴うモードⅡの研究については，特に慎重な配慮が必要とされる．「ぜひ，地域に参加させてもらいながら勉強させてほしい」ということでかかわる形は，活動の中で知り得た情報の活用などの面で危うさをはらんでいるかもしれない．この点と関連して，もうひとつ，立場性の問題がある．自治会やG会の活動への参加を深めていくにしたがって，価値判断を求められることが多くなった．G会の活動は町内会・自治会中心で，日本人のメンバーが多かったが，その立場からは，定住しない技能実習生への排他的な意見や，外国籍住民に対する違和感を表明されることがあった．何よりも自治が重要という立場から，調査票の設計や，調査対象者の選定についても，そのような方向性が求められたこともある．そうした場合，活動の一員として参加させていただいている以上，「研究者の中立性」として逃げることはできず，筆者自身の考えを説明した上で，調査を行った．それでも，会の一員として，自分はG会の代弁者になってしまっていたのではないかという反省点

は残る．もっと言えば，「日本人」側の存在になってしまっていたのではないか．つまり，「だれのため」の調査だったのかという問題だ．

　ここで注意しておきたいのは，西尾市の調査を振り返って考えてみると，会の仲間になること，一員になることが求められてなかったということである．それは研究者としての専門性ということだけでなく，活動に参加しつつも，外部の視点を持つように要請されていたことに気づかされる．一連の西尾市の調査をまとめた拙稿をお送りした際，G会の代表のA氏から次のようなコメントをいただいた．「中にいる人の視点では見えない，あくまでも外からの視点からの意見が必要で，そうでないと役に立たない．そのような視点で調査などのかかわりを続けてほしい」ということであった．

　そのデータをもとにいくつか研究をまとめてきたが，これらは問題点よりも，コミュニティ実践から見いだされる事例としての意味と，その最大限の成果を強調したものとなっている．それは，地域活動の目的に賛同し，活動にかかわりはじめたことから来るバイアスとして考えなくてはならない．そして，それは誰のための「よい物語」なのかも考える必要がある．実際，地域コミュニティの実践者からは，「違った角度からの視点を投げかけてほしい」，「調査の結果をきれいにまとめればいいわけではない」という批判を受けている．いい物語だけを語ることは，現場の実践にとっても好ましいわけではないのだ．社会調査がその反省的，批判的な力を失い「実践」にすりよる形で特定の目的に回収されることの問題を考えておくべきだろう．

　ここには2つの重要なポイントがあるように思う．第1に，フィールドの立場に同一化するのではなく，「当事者」ではない視点を持ち続けてかかわることの重要性である．そして，第2に，こうした活動に溶け込まずに参加する形で，絶えざる調査・分析という営みを行い地域に投げかけることが「役に立つ」ということである．どちらも地域のコミュニティ実践に参加しつつも，そこに同一化するのではなく，さまざまな役割を担いつつ，そこで必要とされる調査を続けることの可能性を開くものと見るべきではないだろうか．先に述べた現場からの厳しい問いかけは，一見すると調査をめぐる「困難」な状況に映るかもしれない．しかし，あえて筆者が研究者としてのかかわりを続ける社会調査の「可能性」が開かれると主張する理由は，この点にある．

9　地域コミュニティの智恵と文化をとらえること

　これまで，筆者が一番長く続けている西尾市でのコミュニティ実践の場において，地域コミュニティの問題をどのように認識するか，コミュニティ実践で積み上げられてきた智恵と文化から学ぶことの失敗とそこからの教訓について見てきた．この点をベースに，次章以降の本書全体の分析にかかわるコミュニティ実践をとらえる方法論を検討するために，冒頭の宮本常一の言葉に戻ってみよう．

　宮本常一は，民俗学の業績としての評価とともに，自身がかかわった地域に対する実践への評価が大きい人物である．「旅する巨人」（佐野，1996）という言葉に見られるように，宮本ほど日本全国の地域を歩き続け，農業や地域振興，離島振興，観光資源開発という実践性に対する評価が高い人物は稀有だろう．ライフワークとなる故郷周防大島の生活誌の原点となった『周防大島を中心としたる海の生活誌』（1936年）においても，民俗資料の収集だけに満足することができず，学問的興味のみに終始できなかったことを吐露している（宮本，1994：26- 7 ）．後年の『民俗学の旅』においても，語彙などを収集するだけでいいのかという疑問を抱いていたことが語られている（宮本，1978：153）ように，学問的な興味・関心にとどまらない実践的な志向を，一貫して持ち続けていた．

　では，宮本自身は，実践に対してどのようなスタンスでかかわり，民俗学との関係をどのような形で認識していたのだろうか．この点について宮本は，次のように語っている．「民俗学という学問は，過去の民衆の生活なり文化が現代の生活にどのように投影しているか，そしてそれが今日のわれわれの生活にどのような影響を与えているか，あるいはまた，それが将来にむかってどのような発展の要素になり，あるいは制約の要素になっているか，そういうことを見ていく学問だと思います」（宮本，1973： 9 ）．民俗学が，現在の，そして将来の生活を考える上で不可欠となる，過去の民衆の生活・文化をとらえるものであると明確に主張する．「自分たちの過去の文化に対し，また周囲の環境に対して，根底に同情のあるあたたかい愛情を持って戴きたい」（宮本，1973：190）とし，その積極的な意義を見据えるよううながすのだ．

　この実践性は,「百姓」としての自身の農業技術の伝承にもつながっていた.特に目立つのは,戦時中の大阪での農業指導であり,自分の「特技」として,全国の村々で篤農たちから学んだ農作物の作り方を伝えている(宮本, 1972:227).これは「百姓の子ども」と規定する自身を積極的に活用するものであり,後年の離島での地域実践においても栽培方法の講習を行っている.こうした宮本常一の調査には,調査対象者と自身が同じ「百姓」とする意識が基盤にあったとされる(小川, 2006).この点について長浜功は,「調査者ではなく友人になれ」という宮本の言葉を引き,民衆と同じ感覚で研究活動を行ったことを高く評価する.「民衆の視線と同じ高さで,民衆の暮らしと同じ感覚で,民衆の逞しさと同じ次元で,民衆のえげつない信念と同じ立場で民衆を論じた」というわけである(長浜, 1995:21-2).

　さて,こうした宮本の実践性を担保するものが,地域コミュニティの共同性の称賛と言うべき姿勢である.地域コミュニティの智恵と文化を丁寧に掘り起こしたわけであるが,その際の特徴としては地域の共同性を肯定する姿勢が顕著に認められる.宮本は,特に村落社会の共同性について,繰り返し肯定的な評価を行っている(宮本, 1986).戦前に出版された故郷,周防大島の民俗誌においても,寄り合いの民主主義として,「平等な発言権と,平等な分担」(宮本, 1994:77)が語られているが,これは,後の『忘れられた日本人』(1960年)で大きな反響を呼ぶことになる,村落社会の階級性に対する平等性,対立に対する調和の強調という,村落社会の共同性の理想化にも通じるものだ.このように宮本は,「有機的な結合体」としての地域の共同性を重視し,ここから地域の文化,智恵を発見するのだ.そして,この認識をベースに,地域の自律性や主体性に働きかけるという形で,「地域がよくなるのは地元からのアイデアで」(宮本・安渓, 2008:9)という「内発性」が強調される.ここからさらに発展して,地域の持つ共同性に根差した地域の力を肯定した上で,「よそから持ってきた智恵や文化で,地域が本当に生き延びられるわけがない」(宮本・安渓, 2008:48)というように,冒頭に引用した言葉が生み出されたのだ.

　もっとも,地域コミュニティの肯定的な点をとらえていたことに対しては,無批判な民衆礼賛と共同性賛美が行われている点が批判されていることに注意しておきたい(岩本, 2012).コミュニティ実践のベースにある地域コミュニティ

の共同性に対して，対立や矛盾ではなく，調和を前提にとらえることの問題である．この点と関連して，調査方法論についても重要な批判がなされている．宮本による民衆礼賛は，単にその共同性肯定だけでなく，そこからさらに大きく一歩超えて，「創作」が加えられていたことが指摘されているのだ．自身の記述を大きく改変してまで，「美しい村落」，「美しい国土」という「共同体の美」を描き続けた宮本の問題である（岩本，2012：48-9）.

　ここで指摘されている「創作」は，名作として誉れ高い『忘れられた日本人』(1960年)（宮本，1971）所収の作品においても認められるものだ．たとえば「対馬にて」では，寄合において納得するまで長時間にわたって討議する，相対的に階層性の影響が薄い，民主的な場が形成されるという，寄合民主主義が共感をこめて語られる．しかし，宮本による他の対馬に関する調査報告においては強固な階層性が指摘されている．権力関係があらわれているにもかかわらず，それを打ち消しつつ意図して書き換えた点は，「宮本の内部に想起した〈事実〉」による作為と位置付けられている（杉本，2000）．こうした「創作」が加えられることで，共同性の肯定と調和の語りを補強することも行われてきた．つまり，一連の著作は，宮本常一の感性によって語り直されたものであり，村落共同体の理想化も，「ノンフィクションとフィクションのあいだで，みずからの理想を仮託する」ものとされる（岩田，2014：97）.

　問題は，宮本常一が作為してまで描き出した，地域の共同性に対するまなざしをどのように評価するかである．地域の実践にかかわる上で，コミュニティ実践の基盤となる地域の共同性を称賛することの問題が，宮本常一の調査記述から見えてくる．そして，こうした共同性の美化は，「創作」に至ることはまれであるかもしれないが，コミュニティ実践にかかわる地域研究者にとっては，無視することができない根の深い問題と考えられる．

10　共同性の負の部分を見据える

　宮本の記述と極めて対照的に，地域コミュニティの闇を描き出したノンフィクション作家の吉田司の仕事から考えてみたい．吉田司は，水俣病の若い患者たちと生活をともにして活動し，既存の運動や支援活動とは一線を画し，さま

ざまな政治的対立を超えて1971年から若衆宿を主催する実践を基盤に，水俣での膨大な聞き取りを行ったことで知られている（吉田，1987）．いわゆるチッソ＝悪／民衆＝善，「民衆は善，権力は悪」とする図式を超えて，自ら主催した若衆宿での経験を丁寧に描き出し，農村共同体の恐怖を描き出したことにある．いわゆる定型の語りとして「民衆」を聖化することをやめ，恐怖を描きたかったというのだ．つまり，「人生の希望でも絶望でもない．地に縛りつけられた者たちの宿命（中略）生きていることの恐怖」（吉田，1987：334）を描き出すことである．

　ここには，2つの恐怖が描かれている．第1に，地域コミュニティに生きる人たちの恐怖である．外部からの支援者や知識人たちが水俣の地域コミュニティを理想化する中で，民衆の共同性や反権力を賞揚する言説に対して疑問を投げかける．昭和30年代に原因不明の伝染病・死病と恐れられ，村八分にされ（吉田，1991：418），「共同体の恥部や暗部をあからさまに表現するもの」（吉田，1987：26）としての水俣病患者とそれを排除する地域コミュニティのあり方である．

　　「まぁた伝染病ン所の娘が通り寄る」
　　「見てぇんな，早よ，早よ．今，あそこ足って逃げていくがな」
　　「気色ン悪かッ．俺家ン前は通んなッ．病気伝染ったらどけんすっとな」

（吉田，1991：18-9）

　この「奇病八分」（吉田，1991：19）は，地域コミュニティの大きな差別構造から生み出されたものであり，地域コミュニティの側から水俣病患者たちが「奇病」として恐れられ，排斥されるという差別と排除である（成，2003：11）．ここには，地域コミュニティの持つ恐怖を浮かび上がらせる吉田の視点がよく示されている．

　第2に，地域コミュニティと民衆を聖化し神話化する言説の恐怖である．吉田は，地域コミュニティの暗部を隠蔽するまなざしを痛烈にあぶり出すとともに，「チッソ企業を加害者として，認定制度のフィルターを通して浮上してきた市民レベル被害者水俣病」において，「村八分の側に回っていた道義的責任はとりあえず棚上げし，水銀汚染の健康被害の罰金を支払えとする補償金水俣

病」像を生み出した言説を批判する（吉田，1991：418）．こうした言説レベルの恐怖を暴くことが，吉田の神話崩しの2つ目の特質と言える．

こうした吉田の作品は，激しい反発にさらされることになった．『下下戦記』は，1980年から『人間雑誌』に連載されるが，「患者家族の恥部を赤裸々に暴露したもの」として激しく抗議を受け，「厄災の書」として7年間の沈黙を余儀なくされた．水俣病患者への支援運動の側からも，「『公害の聖地・水俣』に間違ったイメージを植えつけ，認定申請運動に重大な障害を与えるものとして」猛反発を受けたためである（吉田，1991：411）．水俣病患者を描き出した傑出した作品として著名な石牟礼道子による『苦界浄土』（石牟礼，1972）が，水俣病患者を「聖なるもの」としてとらえる悲劇であるのに対して，そうした「聖なる患者像を嘲笑う，アナーキーでスケベーで，手の付けられない下品な民衆喜劇」と見なされたという（吉田，1991：415）．

たしかに，水俣病患者に対する神話崩しを行い，また，独特の文体も相まって，大きな反発とともに受け取られたところもあるだろう．ここで注目したいのは，その仕事が単に欺瞞を暴くだけではないことだ．吉田は若衆宿での経験をベースに，丁寧に，執拗に，「ずっと深いレベルで補償金体制を批判し座り込もうとした闘い」（吉田，1991：413）を描き出していることである．これは，単なる神話崩しではない．地域コミュニティの暗部に目を閉ざしてしまう，あるいは，対象者を聖化して描くことで視野の外におきざりにしてしまう生ぬるいまなざしを否定し，地域コミュニティにおける闘いの持つ意味を描き出すものととらえることができるのではないだろうか．

地域コミュニティへの期待が高まる中で，それを補強するような地域での実践活動と研究，教育のかかわりにおいて，地域コミュニティの負の部分を隠蔽する傾向がある．こうした傾向は，地域連携や地域貢献という形で大きな流れを形成している以上，どのような形であれ，地域の実践にかかわる研究，教育も無関係でいることはできない．これに対して，地域コミュニティの強化の流れの中で，きれいにぬぐい去られてしまいかねない地域コミュニティの暗部への視点を保持し，その圧力と恐怖を描き出し，一貫して立ち向かった吉田司の仕事は大いに示唆に富むものだ．

ここでは，地域コミュニティの恐怖を見ることなく，聖化し神話化する言説

の問題を明確にとらえることの含意を指摘した．そして，それを可能とする吉田司の調査方法論から受け取るべきものを検討した．ここで断っておくべきは，地域コミュニティのネガティブな要素を暴露することを強く主張したいわけではないという点である．地域コミュニティの恐怖を描き出すことは，その問題を明確にする上でも重要であるが，より本質的な問題として，暗部を描かないことによって，地域共同体の恐怖と闘う生きる実践を見落としてしまう問題を考える必要がある．吉田司の『下下戦記』について成元哲は，「地域社会から人間として尊厳を剥奪され，社会的な傷を受けた水俣病患者を，承認を求める闘争に駆り立てるものが何であったかを説明するもの」（成，2003：11）と評価する．ここには，地域コミュニティの「強み」や良い点にのみフォーカスする近年の地域研究，実践・教育の視座が完全に見過ごし，そして，とらえることができない「強み」を見いだす方法があるのではないか．逆説的な表現になるが，地域の「強み」を模索するのであれば，このような地域コミュニティの暗部と，それとの闘いによって生み出された力を，「強み」としてとらえる手法が必要となるはずだ．

　外部の研究者が，コミュニティ実践にかかわるなかで，何をするべきか，どのようにかかわるべきか．そこで戦う人びとのあり方への視点を忘れることなく，智恵と文化から学んでいくこと．この章では，二人の対照的な視点をもとに，コミュニティ実践をとらえるフィールドワークのあり方について検討した．こうした視点を念頭におきつつ，次章では，コミュニティ実践の強さと排除の問題について考察を進めよう．

3 章

強い地域コミュニティと排除のジレンマ

1 コロナ禍でのうわさと排除

　コロナ禍で生じた深刻な問題のひとつに，多くのうわさが飛び交い，人びとの行動に影響を及ぼしたことが挙げられるだろう（石橋ほか，2021）．「だれが，どの場所で感染した」「どのような治療法が有効である／無効である」といったものから，ワクチン接種が始まってからはワクチンにかかわるさまざまな情報が飛び交うこととなった．うわさだけでなく，さまざまな陰謀論も広まり，危機において爆発的に広まる情報のゆがみの問題を再認識させられたのである．こうしたうわさは，主にネット上や，SNSで展開されたが，情報自体はネット上のものであったとしても，私たちが暮らす場面に直接的な影響を与えたことに注意が必要である．コロナ禍の新たな現象として注目を集めたのが，一般市民による，外出・営業の「自粛要請」に応じない人びとに対する私的制裁である「自粛警察」の存在だ（田野，2021）．コロナ禍は，うわさを通した私的制裁が，決して過去のものではないことをあぶりだしたのである．

　本書は愛知県の事例を取り上げているが，愛知県にはコロナ禍で情報のゆがみと人びとの行動の暴発を経験した今こそ思い起こすべき，重要な歴史遺産がある．名古屋市の覚王山日泰寺に，1923年9月1日の関東大震災直後，東京憲兵隊本部に拉致されて9月16日に虐殺された大杉栄の甥，橘宗一が眠る墓がある．墓碑には「宗一ハ再渡日中東京大震災ノサイ大正十二年九月十六日ノ夜大杉栄 野枝ト共ニ犬共ニ虐殺サル」と記されている（鎌田，2003：455）．関東大震災後の混乱に乗じて憲兵により虐殺された事件であるが，2020年からのコロ

ナ禍の社会状況においては，関東大震災後の一連の出来事を再認識しておくべきだろう．それは，地域コミュニティの暗部を再認識するためである．関東大震災では多くの朝鮮人が虐殺された．朝鮮人による「暴動」「井戸に毒を投げ込んだ」「放火」などの流言が，警察や政府など公的機関によって流された誤情報と連動し，各地域で自警団が結成され，朝鮮人が虐殺されたのである（藤野，2020）．

　このような出来事は，極めて特殊な状況の下で生じる出来事のようにみえるかもしれない．しかし，これまでも，阪神淡路大震災時のレイプ多発流言など，大規模災害などで社会情勢が不安定になるたびに，特定の層を排斥するうわさが繰り返し発生した（荻上，2011）．災害などの危機的状況におけるうわさの発生と，地域コミュニティにおけるコミュニティ実践の暴走である．この章では外国籍住民の増加をめぐる課題に取り組むコミュニティ実践に焦点をあてるが，外国籍住民にかかわるヘイトスピーチ，排外主義に類する「外国人レイプ」の流言は，社会学を中心とした地域コミュニティにおける情報の問題として注目されてきた．1980年代後半より外国人労働者が急増した関東，東海地方において，事実ではないことが確認されているものだが，河川敷で外国人がレイプをしたといううわさが広まったもので，外国籍住民が増加した地域では多く見られる現象である（野口，2001）．2章で見てきた西尾市においても，南米系住民を中心としたニューカマー外国籍住民が急激に増加する1990年代前半には，こうした外国人によるレイプのうわさが発生した．記録として残っているのは，1992年から1993年にかけて広まっていたもので，西尾市福地において外国人に日本人がレイプされたという内容である[1]．こうしたうわさは，警察によりレイプ事件の事実は存在しないことが確認されるのだが，外国籍住民の増加に対する一定の抵抗感が広く存在していたことを示す出来事である．

　この点に関連して，本章と4章では公営住宅のコミュニティ実践を取り上げるが，公営住宅において広まったうわさが，地域コミュニティにおけるさまざまな格差を助長し，特定の層の排除をもたらすことを明らかにした小澤浩明による著名な研究がある（小澤，1993；宮内ほか，2014b）．この研究は公営住宅におけるうわさを通した分析から，生活困難層の地域コミュニティにおける生活実態を描き出し，孤立していくメカニズムを明らかにしたものである．地域住民

が，うわさを通してステレオタイプ化された認識によって孤立と敵対状況を生み出し，それが，さらに住民の生活状況を悪化させていくというスパイラルを析出した．住民の世帯収入による客観的な指標による区分だけでなく，地域住民のうわさというコミュニケーションによる境界線の強化によって，生活困難層の住民が客観的指標を可視化され，排除されていく．うわさによるスティグマ化をもたらすコミュニケーションが，そこに暮らす貧困層の状況をさらに悪化させてしまうという，地域コミュニティの負の部分を明らかにしたのである．

　こうしたうわさをめぐる問題は，地域コミュニティが，災害時などで力を発揮する力を持つこととともに，集団的な暴力を引き寄せる問題を示している．私たちが仮に完全にバラバラに生きているのであれば，このような問題は生じえない．地域コミュニティの共同性があるがゆえの問題，そしてコミュニティ実践が機能しているからこそ生じる問題として考えていく必要があるのだ．

2　地域コミュニティの2つの側面

　もうひとつ，コミュニティ実践をめぐる問題と関連して，大杉栄をめぐるエピソードに触れたい．これは，上述のような暗部ではなく，地域コミュニティの共同性の光の部分である．一回の投獄で一言語をマスターしたという逸話を持ち，「一犯一語」と称される大杉栄は，『ファーブル昆虫記』などの翻訳などでも知られている（鎌田，2003：97）．大杉が訳した『相互扶助論』（クロポトキン，2009）は，2011年の東日本大震災後，復興後の「絆」が重視される時代において脚光を浴びることとなった．これは，「相互扶助」を何よりも明確に評価し，人間の本性を弱肉強食の競争原理ではなく，助け合い・支え合う「相互扶助」に求めた点にあるだろう．2章で見てきた，地域の共同性を肯定的にとらえ，再評価した代表的な人物である民俗学者宮本常一が，クロポトキンの『相互扶助論』に，特にその大杉栄訳から大きな影響を受けたことも知られている（長浜，1995）．

　クロポトキンは『相互扶助論』で次のような蟹をめぐるエピソードを記している．

　　私は，一八八二年にブライトン水族館で，あの大きなモルッカ蟹が，そ
の不恰好な身体にも似合わず，まさかの時にはどれほど骨を折ってその仲
間を助けるかということを見た．何かの拍子で一匹の蟹が水槽の隅の方で
仰向けに倒れたが，その鍋のような重たい甲のためになかなか起き上がる
ことができない．（中略）するとその仲間どもが助けに来た．（中略）幾度も
同じようなことをやっていたが，やがて助けに来た一疋が水槽の底の方へ
行って，もう二疋を連れて来た．そしてこの新手の力を借りて，またもや
その憐れな仲間を持ち上げては突立たせようと試みた．

（クロポトキン，2009：34）

　クロポトキンは，こうした生物世界の相互扶助の事例から，弱者を淘汰する
社会進化論的な世界観を超えて，私たちの社会における相互扶助のあり方を主
張したのだ．
　これに対して，この美しい物語を打ち砕くシビアな現実に目を向けさせたの
が，民俗学者南方熊楠である．クロポトキンのエピソードと同様の場面を那智
山中で目撃し，観察したところ，蟹が共食いをしていることを発見してしまっ
たのだ．「かかる現象を実地について研究するに，細心の上に細心なる用意を
要するは言うまでもないが，人の心をもって畜生の心を測るの易からぬは，荘
子と恵子が魚を観ての問答にも言える通りで，正しく判断し中つるはすこぶる
難い」という．序章で見たように，そこで見ることの重要性，認識の重要性を
語る．「これを見て，予は書物はむやみに信ぜられぬもの，活き物の観察はむ
つかしいことと了った次第である」(南方, 1994)．一見すると美しく見えるコミュ
ニティの相互扶助のあり方について，シビアな認識の重要性をあらためて要請
しているものだ．ともに自然現象の観察から人間の社会のあり方に考えを及ぼ
し，影響を与えた二人の碩学が，対照的な結論を導き出しているのが興味深い．
　この２つの社会関係をめぐる視点は，２章で見た２つの視点とも重なるが，
震災後やコロナ禍など危機的な状況において，相互扶助を見ようとするのか，
その恐怖を描こうとするかという，２つの対極的な視点を象徴的に示すものだ．
クロポトキンのエピソードを好意的に引用し，災害時における地域コミュニ
ティでの支え合い，相互扶助を主張する『災害ユートピア』(ソルニット, 2010) と，

逆に，災害などの危機に便乗した新自由主義的な市場主義経済改革を強行する『ショック・ドクトリン』（クライン，2011）という 2 つの視点がせめぎあったことが知られている．コミュニティ実践における共同性には，クロポトキンが光を当てたような相互扶助の力と，排除を進める暗部がある．この点について，地域コミュニティ，コミュニティ実践の強みと排除という問題からさらに考えていこう．

▎3　地域コミュニティの強み？

　コミュニティ実践を促進するための基盤を作る中心的な役割を期待される地域福祉計画策定のプロセスから考えてみたい．近年の地域コミュニティにかかわる地域福祉計画の策定においては，策定段階から実践まで，住民がワークショップ形式で参加する手法が主流となっている．こうしたワークショップでは，地域のよさ・強みを語り合い，今後の福祉的ニーズに対応した地域コミュニティづくりの方向性について意見を出し合うことが多く行われている．これは地域福祉を中心とする教育実践でも多く使われる手法だが，ネガティブな要素ではなく，地域の強みを強調するという，地域コミュニティの「よいとこ探し」，「ストレングスモデル」（竹端ほか編著，2015：16）がベースにある．

　筆者はいくつかの自治体で計画策定にかかわっているが，こうした住民参加による計画策定の場において，福祉施設や特定のカテゴリーの層を排除することによって共同性を担保する「排除による共同性」（三本松，2007：82）の問題が多くみられることに気づかされた．計画策定のワークショップでは，地域のよさ・強みを語り合い，今後の福祉的ニーズに対応した地域コミュニティづくりの方向性について意見を出し合うわけだが，たとえば，地域の強みとして「生活保護世帯がいない」ことが語られる場面があった．地域コミュニティの力を強め，そのパフォーマンスを向上させるために，特定の層が排除されるということである．これは，さまざまな社会的排除に対する地域コミュニティへの期待が，逆説的に排除を呼び起こしてしまうジレンマを示している．

　こうしたワークショップの場面のみならず，フィールドワークや，地域での講演，教育の場において，地域の強みだけでなく，地域の弱みを排除の言葉で

語る場面に多く出会ってきた．外国人の増加に対して，「今は外国人やろくな奴が住んでいない」，「外国人の生活よりも日本人の方が大事では」といった声が寄せられる．地域の強みとして語られることのなかにも，たとえば「母子世帯がいないこと」などのように，地域コミュニティにおいてネガティブな要素がないとする言説が公然と語られることが見受けられたのである．公営住宅がない地域において，「誰でも入れる住宅がないことが，この地域の強み」という語りがなされたこともあった．地域の強みを語ることが，単純な排除の言説に連なる問題と言えよう．

こうした地域コミュニティにおける排除に抗うのも，コミュニティ実践の持つ役割である．コミュニティ実践を促すコミュニティソーシャルワーカー（CSW）の活動で有名な大阪府豊中市の活動を紹介した作品の中に，印象深い言葉がある．「排除の相談に乗れないからね」（豊中市社会福祉協議会編，2012：16）というものだ．これは，ゴミを自宅にため込んでいる一人暮らしの高齢女性に苦情や怒りをぶつける住民に対して，その女性を排除するという方向ではなく，地域住民がごみの片づけなどに参加し，支援する取り組みにつなげていくために宣言された際の言葉である．困難をかかえる人への対応として，排除による解決ではなく，排除する側に位置づけられる人びとの思いをくみ取り，地域コミュニティの課題として取り組んでいくという，CSWの特性を端的に示しているものだ（豊中市社会福祉協議会編，2012：65）．

こうした豊中市における取り組みは，地域コミュニティが排除と包摂の双方を持ち合わせていることをシビアに認識した上での実践であることに注意したい．裏を返せば，地域コミュニティは何らかの排除が存在するということであり，さらに言えば，地域コミュニティを強化する実践の中でも排除が生じる可能性があるということである．だから，防災，防犯などの課題に対するコミュニティへの期待は，住民の側の底知れない不安と深く響き合うコミュニティの動員として，人びとのセーフティネット構築よりもむしろ体制の危機管理に結び付いているのかもしれない．

実際，コミュニティの強化のためには「異なる他者」への寛容よりも，排除へと進みがちであることが指摘される（吉原，2011:38-42）．「強いコミュニティ」が排除の機制を持つ事実が多くの研究で明らかにされてきた．地域コミュニ

ティ，コミュニティ実践で知られる著名な神戸市長田区真野地区（今野，2001）においても，震災後の避難所において，町会費を払っていない「よそ者」の排除が見られた（平井，1997:268-70）ように，「強いコミュニティ」の持つ逆機能が，明示的であるかないかにかかわらず，繰り返し語られて来たのである．また福祉施設を排除する地域コミュニティの存在はたびたび焦点化されてきた．福祉施設を建設する際に，町内会・自治会を中心とした地域住民組織が「迷惑施設」として排除する動きなどはその典型的な例と言える．ここで注意したいのは，地域コミュニティがバラバラではなく，十分に機能していることが条件となるという点だ（古川・庄司・三本松編，1993：150-9）．強いコミュニティがあるからこそ排除も生まれてしまうというジレンマである．

4　外国籍住民と地域コミュニティ

　地域コミュニティと排除の問題を，外国籍住民と地域コミュニティの問題から考えてみよう．町村敬志によると，そもそも「コミュニティ」という概念が日本にもち出されてきた出発点には，急速な高度成長による都市への大規模な人口移動の結果として，出身，職業，生活様式を異にする人びとが相互に異なることを認識し合いながら空間を共有し合っていかなければならないという問題意識があったとする．ここから，新たな関係性と秩序を構築していく試みの基本原理として「コミュニティ」が導入されたのであり，「日本人と外国人が住み合う地域社会というのは，コミュニティ論の新しい出発点」であったと強調しているのだ（町村，1993：50）．地域コミュニティにおける異質性と排除の問題を検証する上では，外国籍住民をめぐる問題が重要なテーマであることが理解できるだろう．

　ここで外国籍住民をめぐる近年の動向を見ておこう．2020年春からの新型コロナウイルス感染症感染拡大にともなう経済不況により，日本における外国人労働者の失業率が著しく高まっているが，2020年6月に行われた静岡県の調査（静岡県在住ブラジル人，フィリピン人317人）では，22.1％である[2]．同時期の日本全体の完全失業率が2.9％であることと比較すると，外国人労働者の失業率の高さが明らかだろう．池上（2021），山野上（2021）も明らかにしているように，

製造業で非正規雇用が多い南米系住民に対しては，特に深刻な影響をもたらしたのである．このような状況は，2008年秋からのリーマンショックによる経済不況によって，南米系住民を中心とした外国人労働者の多くが失業したことを思い起こさせる．日本における外国人労働者の失業率の高さは，依然として外国人労働者が景気の調整弁という形で位置づけられていることを示すものである．

　この問題を考える上で，バブル経済以降の日本経済を牽引してきた，トヨタ自動車を中心とする製造業をめぐる労働市場のあり方を無視することはできない．1980年代後半のバブル経済下における労働力不足を背景に，1990年に改定施行された「出入国管理及び難民認定法」によって，「日系」というルーツによる選別のもと，就労制限のない「定住者」という在留資格が創設され，ブラジル人，ペルー人を中心とした南米系住民の移住が多く見られるようになった．1990年代前半から急激な増加を続け，2007年末にブラジル人31万6967人，2008年末にペルー人5万9723人と最多を記録する．本書の舞台である愛知県は，最大の南米系住民の居住地域となった．こうした動きの大きな転換点となったのが2008年秋からの経済不況である．リーマンショックによる経済不況は，主として製造業分野で非正規雇用の形で就労することが多かった南米系住民を直撃することとなった．南米系住民の雇用の特色として，直接雇用よりも，労働者派遣・請負事業を行っている事業所の雇用者となる間接雇用が多く，就労面で不安定であることが指摘されてきた．リーマンショックによる景気悪化は南米系住民を直撃し，日本人と比較して圧倒的に高い失業率となったのである．

　その後，リーマンショックによる経済不況からの脱却が進む2013年から，南米系住民の人口は再び増加を見せる．しかし，労働市場における不安定な状況は変わっていない．南米系住民については，間接雇用が多数を占める点が問題視されてきたわけだが，この点について『外国人雇用状況の届出状況』各年度版から見ると，ブラジル人では，2010年から2019年にかけて，派遣・請負の比率が5ポイント以上低下しているものの，2019年10月末の段階でも54.6％と，半数以上を占めている．[3] このように間接雇用が依然として高水準であり，製造業の間接雇用が主となる構造は一貫している．南米系住民が最も多く居住する愛知県で見ても，2016年に実施された外国人住民調査からは，ブラジル人の非

正規雇用は70.2％，正社員は20.8％という状況となっている．経済的な困窮も目立ち，世帯月収が200万円未満の層は15.7％である（愛知県県民生活部社会活動推進課多文化共生推進室編，2017）．

　こうした外国人労働者をめぐる構造が，次の世代に再生産されていることにも注意が必要である．日本で暮らす外国人の子どもたち全般に関する教育課題としては，日本語能力，学校への適応，不就学，アイデンティティをめぐる問題が指摘される．この点に加えて高校進学率の低さという，ブラジル籍，ペルー籍の子どもたち特有の問題が認められる．国勢調査データの分析からは，日本で5年以上生活している17歳のブラジル国籍青少年の高校在学率は，2000年の30％から2010年の50％に上昇しているとはいえ，他の国籍の青少年と比較してもその低さが目立つことが明らかにされた（髙谷ほか，2015）．また，19〜21歳の国籍別進学状況を見ると，ブラジル籍で「中学卒」33.7％，ペルー籍では26.3％であり，「中学卒」の多さが指摘されている．親の世代にあたる40代の大卒比率と比較すると，ブラジル籍で同程度，ペルー籍で下降が見られ，進学率の低下が認められる（樋口・稲葉，2018：572-4）．データを見る限り，南米系住民第二世代の階層上昇の可能性が低いことが明らかになる．こうした問題の背景として，南米系住民において「日本では一般にエスニックな社会関係が乏しく，それゆえ第二世代が全体として不利な状況にある」点が重要だろう（樋口・稲葉，2018：569）．ここで考えるべきは，本人の義務教育を受けた期間ではなく，親の学歴と生活の安定が大学進学率に有意に関係している点である．南米系住民第二世代の問題を考える上では，親世代の雇用の安定を含む「生活の安定」に関連する，社会関係の不利を乗り越える資源に目を向けることが不可欠となる．

　こうした課題を解決する糸口のひとつは，実は本書のテーマとなる地域コミュニティに関係する．竹ノ下弘久は，2006年の浜松市，2007年の静岡県の調査データの分析から，「家族・親族や同国人との結束型社会関係資本は，ブラジル人労働者の日本での職業的な上昇移動に何ら貢献しなかった」とし（竹ノ下 2016:18），「ブラジル人が上昇移動に必要な資源は，エスニック・コミュニティ外部に求められなければならず，橋渡し型の日本人とのつながりが，ブラジル人の非正規から正規への移動に重要な役割を果たしていた」という知見を示し

た（竹ノ下 2018：164）．つまり，南米系住民のエスニック・コミュニティに対して十分に期待ができないため，日本人との関係形成，特に外国籍住民が多く暮らす集住地域の地域コミュニティ，コミュニティ実践が重要となることが示唆されるのだ．

▎ 5　公営住宅での集住

　南米系住民の社会関係形成を考える上で注意が必要なのは，公営住宅が多い特定の地域への集住が顕著な点だ．外国籍住民の労働市場における不安定性が，居住環境にも影響を与えるわけだが，その特徴として挙げられるのが，持ち家率の低さと賃貸住宅居住率の高さである．南米系住民を中心としたニューカマー外国籍住民の多くは人材派遣業者による間接雇用であり，企業が用意した寮や社宅，または公営住宅の入居が多かった．

　このような点から注目を集め続けてきたのが，南米系住民を中心とした外国籍住民が集住する公営住宅である．そもそも1951年の公営住宅法施行の際には，公営住宅での外国人居住は認められていなかったものの，1980年に原則として「永住許可を受けた者等」に入居条件が広げられ，外国人登録を受けた者について認めることも差し支えないとされた．その後1992年には建設省より「公営住宅に対する通達」が出され，「外国人登録を受けた者」が「可能な限り地域住民と同様の入居申込み資格を認める」こととなった．その結果，家賃が安く，相対的に入居差別が少なく，同居親族，収入基準，連帯保証人などの条件を満たすことで入居が可能な公営住宅を選択するケースが増えていく．外国人の入居が進む中で，居住した外国籍住民が親族や友人を呼び寄せることにより，外国籍住民が集住する団地にコミュニティが形成される基盤が整っていった．1980年代にはインドシナ難民の受け入れ施設がおかれた兵庫県，神奈川県，群馬県の公営住宅で外国籍住民のコミュニティの形成が進んだ（田中，2013）．さらに，1990年の入管法改定後は，東海地方や北関東などで南米系住民の集住が進むことによって，日本に暮らすブラジル人の約8割が東海地方，北関東などの製造業の集積地に集中し，公営住宅を中心とした集住地域形成が進んだのである．

表3-1　住宅の形態（ブラジル人）（%）

地域	愛知県		豊田市			
年	2009	2016	2009	2011	2016	2021
県営・市営住宅	45.9	25.8	37.6	41.0	36.6	27.2
UR		15.3	21.8	17.9	20.8	26.5
民間の賃貸住宅	29.6	29.1	17.6	18.8	15.8	19.9
学生寮、会社の社宅・社員寮	10.2	9.2	6.5	8.5	8.9	1.8
持ち家（一戸建て住宅＋マンション）	10.8	17.9	11.8	13.7	15.8	23.2
その他	2.6	1.9	2.9	0.0	1.0	1.1
回答なし	1.0	0.7	1.8	0.0	1.0	0.4

出所：『愛知県外国人アンケート調査』，『豊田市外国人住民意識調査』各年度版より作成.

　愛知県のデータから確認すると，2016年に実施された愛知県の調査では，外国籍住民全体の公的賃貸住宅への入居は17.9%，ブラジル人に限ると25.8%と高い比率を占めている（愛知県県民生活部社会活動推進課多文化共生推進室編 2017）．また，愛知県豊田市の調査を見ると，2021年のブラジル人の「県営住宅，市営住宅」の入居者が27.2%と，2009年の37.6%と比較して比率を下げつつも一定の比率を維持している（豊田市編，2021）．

　こうした日本の公営住宅をめぐっては，世界的に見ても移民や生活困窮層の集住が進んでいることが指摘されてきた．そのなかでも，日本の公営住宅の居住層の特徴として，高齢者，外国人が多いことが挙げられる（森，2013）．2018年の『住宅・土地統計調査』から見ると，公営住宅入居者の65歳以上単身世帯率が31.6%と3割を超え，年収300万円世帯率は1993年の48.0%から79.2%と大幅に増加している（平山，2020：218-20）．いずれも自力で民間の住宅を確保することが困難で，経済的な面での困窮が多いという共通点がある．これは「高齢者や障害者など真に住宅に困窮する者へ公営住宅を的確に供給すること」を目的とした1996年の公営住宅法改定によって，収入基準の引き下げ，高齢者の受け入れ緩和という福祉対応化の動きが進み，「高齢」「母子」「障害」などの福祉カテゴリーに入居対象の設定を行う手法がとられたことによるものだ（平山，2020：257）．

　このような状況は，住宅政策によって特定の社会階層を特定の住区や住棟に

集積させていく「ハウジング・トラップ」と見ることができる．公営住宅において入居者層の高齢化や低所得化が進む「福祉施設化」，それに伴う「スティグマ化」，さらには周囲からの偏見や差別にとどまらず，団地内の人間関係の分断を引き起こすという問題も指摘されている（森，2013）．こうした公営住宅をめぐる困難が，外国籍住民の集住と複合的に連関し，しばしば報告されるようなゴミ問題，騒音，自治会費の徴収困難や生活トラブルが引き起こされていることを確認する必要がある．

　では，こうした公営住宅における地域コミュニティにおける関係形成はどのように実現するのだろうか．公営住宅が集中する地域の住民意識調査から，外国籍住民は，意識のレベルでは参加意欲があるという（川村，2016）．しかし，現実には，2018年実施の「くらしと仕事に関する外国籍市民調査」の分析から，外国籍住民の自治会・町内会などの地縁組織への加入率が低いことが明らかにされている（石田・龔，2021）．これに対して，豊田市保見団地の近年の調査からは，地域への参画，日本人との関係形成の展望が語られている（Hayashi, 2017）．実態としては，地域の参加についても，愛知県豊田市における外国籍住民調査では，ブラジル人が自治会・地域活動に「よく参加する」「ときどき参加している」という回答の合計が，2011年の45.3％から2016年の53.5％，2021年には40.4％となっており（豊田市編，2021），最大の集住地域である保見団地の調査では，自治会活動への参加以前に，地縁組織自体が「わからない」とする回答が多いことが明らかとなっている（多文化多様性の輝く保見団地プロジェクト編，2021）．ここからは，どのような地域コミュニティが形成されるのか判断がむつかしいが，詳細な調査分析を行う準備作業として，これまでに蓄積されてきた理論的視座，特に「共生」をめぐる議論から確認しておこう．

6　地域コミュニティにおける「共生」

　公営住宅の問題を考える上では，南米系住民の労働をめぐるさまざまな問題の解決が，主として地域コミュニティに押し付けられる構造的な把握が必要となる．これは，1990年の南米系住民の受け入れ以後，国家レベルの移民政策が十分にとられなかったことに起因する問題である（Shiobara, 2020）．結果として，

南米系住民にとって必要とされる社会的サービスは，公的セクターではなく民間セクターが供給し，南米系住民の集住する地域コミュニティでのローカルな実践にゆだねられことになった．

　こうした問題に対して竹沢泰子は，日本の移民研究を振り返る中で，日本における多文化共生の取り組みの特色として，「地域社会」が前面に出されることにより，欧米において多く見られた対立構造を回避することに成功したと評価している（竹沢，2011：7）．地域コミュニティベースの「共生」の実践と共生論が一定の地位を占めてきたことは間違いないだろう．外国人とコミュニティにおける排除（および包摂）というテーマは，これまで「共生」という概念を手がかりに考えられてきた．都市社会学，地域社会学分野の研究者を中心とした共生論は次のような共通点を持っている．経済構造に規定される外国人の「労働者」としての側面よりも「地域住民」としての側面を重視し，地域社会での「日本人」と「外国人」の関係性とその変容に焦点をあて，その対等な関係性としての「共生」を模索するという共通項である．この共生論が問題視する排除とは，外国籍住民の社会参画が閉ざされることであり，参政権を含む社会権，労働市場への参画といった，国家，市場レベルの問題ではなく，地域での生活レベルの問題を焦点化する．

　共生論にはいくつかのタイプがあるが（広田，2011），その中でも，ここでは小内透による共生論に注目したい．これは，小内が多様なバリエーションを持つ共生（「差異性をもった人々や自然が差異性を維持しながら互いに対立しあうことなく共存しうる状態」）を，機構的システムないし制度上の共生（＝「システム共生」）と生活上の共生（＝「生活共生」）という2つの理念型として提示し（小内，2005），地域ベースの「生活共生」と制度レベルでの「システム共生」を分けつつ，両者の関係に踏み込んだ枠組みを用意しているためだ．

　もっとも，実際に地域ベースの「生活共生」が制度レベルでの「システム共生」につながるのかという課題に対しては，実態レベルからも，理論的なレベルでも根本的な批判が投げかけられている．集住地域では，ゴミ投棄のルール違反，違法駐車，騒音，子どもの不就学，住民間の摩擦が問題となったが，こうした南米系住民をめぐる問題の根本にアプローチしたのが「顔の見えない定住化」の議論である．これは，外国人労働者を必要とする雇用システム・産業

構造の問題と，国レベルの統合政策の欠如という日本社会が抱える構造的問題が，結果として外国人が集住する地域に押しつけられるという構図を明快に説明するものだった．南米系住民の集住地域においては，人的資本，社会的資本双方を欠く「解体コミュニティ」となり，社会生活を欠くために地域社会から認知されない「顔の見えない定住化」が進み，市場が生み出す外部不経済を地域社会が支払うというメカニズムが描き出されたのである（梶田・丹野・樋口2005）．「長時間労働」と「請負労働力化」によって日本の企業社会の論理に取り込まれ支配されることで，「フレキシブルな労働力」としてのブラジル人労働者は，生産活動の論理と地域・生活空間の論理のずれに引き裂かれ，地域社会に対する負担と，私的セーフティネットにしか頼ることのできない状況におかれる（丹野，2007：72-5）．こうした状況に対して，「市場が生み出す外部不経済を支払うのは地域社会であり，ブラジル人の『団地問題』の核心はそこにある」とする（梶田・丹野・樋口，2005：21）．したがって，地域コミュニティで生じているように見える「問題」をとらえるには，地域という視点だけでは不十分であり，国家，市場という構造的要因を見過ごし，問題を矮小化してしまう点が批判されるのだ．

　特に重要なのは，地域コミュニティでの関係性に焦点をあてることへの批判である．これは先に見たように「労働者」としての側面よりも「地域住民」の側面を重視し，地域社会での社会関係に焦点をあてることによって，市場，国家など構造的要因に対する視点を欠き，こうした視点の制約を受ける形で，社会経済的地位の格差是正という関心を失ってしまうという問題である（樋口2009：7）．このように「構造的・制度的文脈から切り離された『地域社会』という分析単位の設定」（樋口2010：153）によって，実態として「『共生』がうたわれる地域の多くは『文化的差異』だけでなく，社会的基盤の不安定という問題を抱えている」（森2007：180）にもかかわらず，問題を地域レベルの関係性，文化の水準に限定することになる．さらに，分析レベルの問題だけでなく，地域，コミュニティを重視する共生論が，地域コミュニティの強化によって生み出される同化主義的傾向を持ってしまうことも指摘される．つまり，一定の均質性を有している定住民の存在を至上視し，異質な外部を隠蔽し，共同性と相対的統一性を前提とした「地域社会」において，異質性を脱色化され，「共生」，

「住み合い」に閉じ直され「地域住民」としての存在に切り縮められてしまう（西澤 1996：57）という問題である．共生論が排除を帰結してしまうジレンマは，地域の「共生」の実践を単純に評価することの危険性を喚起するものだ．

　このように，地域コミュニティベースの共生論に対しては，現状認識としても規範的な理念としても問題を抱え，構造的問題への視点を欠き，マジョリティの側の制度的な改変の道筋を描き出せないという根本的な批判がある．「生活共生」が制度レベルでの「システム共生」につながらないという批判に対してどのようにこたえることができるのか．本章で検討してきた，強いコミュニティと排除のジレンマをもとに，それを乗り越えるコミュニティ実践の「方法」を地域コミュニティレベルの「共生」を考えることが有用と思われる．

7　地域コミュニティの排除と包摂

　先に見てきたように，地域コミュニティの力を強め，そのパフォーマンスを向上させるために，特定の層が排除されるという形で，さまざまな社会的排除に対する地域コミュニティへの期待が，逆説的に排除を呼び起こしてしまうジレンマを問題視した．地域コミュニティの強化が，同一性を強いるプロセスを伴うことで，結果として排除を生み出すというジレンマであり，強いコミュニティ，何らかの機能を果たすコミュニティは，同質的で，凝集性が高い，あるいは高める方向性を持ち，逆に，弱いコミュニティは異質性が高く，凝集性が低い方向性を持つというアポリアである．

　これは，コミュニティが持つ親密性を基盤とした原理が排除につながることを前提として組み込んだ議論である．そして，このような議論は，コミュニティ論においても決して特殊なものではない．デランティが述べるように，コミュニティは，その政治的思想としては，地域性・個別性を前提とした排他性の一方で，普遍性に根ざす包摂性という二重の意味を内包するが，地域性・個別性を前提とした排他性が基調とされる（Delanty, 2013）．

　この点についてコーエンの議論から考えてみよう．コーエン（2005：2）によるコミュニティの定義は，①何かを共有しており，②他の一団と想定された人びとと一線を画している，というものである．であるならば，コミュニティ

には，差異を形づくる要素，境界に焦点を合わせるものであるがゆえに，定義上，何らかの排除がつきまとうことになる．同様に，ジョック・ヤングも，コミュニティは対立物によって定義されるのだから，「包摂型コミュニティ」はあり得ないとする（ヤング，2008：333）．やや異なる角度からではあるが，西澤晃彦は，コミュニティは地域を前提とするがゆえに，定住者からの排除，帰属する家族がないことによる排除，すなわち非組織・非定住・非家族の「遊牧民」の排除の危険性を常に持つとする（西澤，2010）．

こうした議論に見られるのは，コミュニティという課題設定そのものに対する根本的な疑義である．都市社会学のコミュニティ論を主導してきた松本康も，異質性を排除した閉鎖的な親密圏と批判される地域コミュニティを重視する「都市コミュニティ・モデル」に対して，多様な親密圏としての下位文化が紛争・対立・抗争しせめぎあう中で生み出される公共的秩序を中心に据える「都市下位文化モデル」の有効性を示唆する（松本，2004）．これもコミュニティという課題設定の限界を踏まえたものだろう．

これらの議論を2つに分けてさらに考えてみよう．第1に，根本的にコミュニティが排除のメカニズムを持つという議論である．排除をめぐる議論は，近年の社会問題を考える上で重要な位置を占めているが，コミュニティ，共同体レベルの議論でも，公共性との対比によるコミュニティ，共同体の批判を挙げることができる．公共性をめぐる議論では，「特定の誰かにではなく，すべての人びとに関係する共通のもの」（common）と「誰に対しても開かれている」（open）ことが重視される（斎藤，2000：x）．ここでは，公共性が共同体と異なっていることを，共同体が閉じた領域を作るのに対して公共性は誰もがアクセスする空間として開かれている，共同体がその統合にとって本質的とされる価値を共有することを求めるのに対して，公共性の条件は人びとのいだく価値が異質なものである，そして，公共性が一元的・排他的な帰属を求めないことに求めている．ここに，同化／排除の機制を不可欠とする共同体との違いがあるというのだ（斎藤，2000：5-6）．公共性という比較点から共同体の同化，排除のメカニズムをめぐる強い主張は，コミュニティへの期待に対する根本的な疑義を投げかけるものとなっている．

第2に，コミュニティの排除のメカニズムについて，社会学を中心とした理

論的な問題提起がある．特に，地域社会，コミュニティレベルからの排除の問題については都市社会学の成果から鋭く提起されている．たとえば，野宿者に対して，自立支援センターによる「労働という自立」に基づいた野宿者の「包摂」プロジェクトによる選別が，「排除」カテゴリーとしての野宿者を必然的に再生産してしまうことが明らかにされてきた（堤，2010：15）．また，部落問題に対する同和対策事業において，地域コミュニティにおける社会的ネットワークが「社会的包摂」として期待されているものの，「結束型」の社会関係資本が形成されることによって，不平等の再生産，地域的「排除」を生じかねない結果となってしまうことが指摘される（内田，2008）．これらの研究では，地域コミュニティによる「排除」だけでなく，対極的な機能を期待される「包摂」についても，結果として「排除」を生み出してしまうというパラドックスが示されている．

　こうした問題に対しては，コミュニティの強化は排除を生み出す，すなわち，一定の均質性を有している定住民の存在を至上視し，異質な外部を隠蔽し，共同性と相対的統一性を前提とした「地域社会」を前提とする都市社会学,コミュニティ論への批判があった（西澤，1996）．西澤は，包摂概念の使用にあたって，労働市場，国家，社会それぞれの水準における包摂が排除の「解決」とは言えないことを，労働市場から排除された女性を，社会は母として手に入れ包摂してきたように，ある水準での排除と別の水準での包摂は連動すること，包摂は，排除のモメントを内包していることを主張する（西澤，2011：39）．

　こうした議論は，排除と包摂に関する一般理論でも主張されている．「昔の社会構成においては，或る部分システムからのエクスクルージョンは，何らかの別の部分システムへのインクルージョンによって，ほとんどカヴァーされた．（中略）機能的に分化した社会の場合，このような受け皿の用意がルールになっていない．各個人がそれぞれまるごと何らかの部分システムに属するということが，予定されていないからである」（ルーマン，2007：230-1）．さらに，長谷川（2011）が指摘するように，ルーマンは，ハバーマスのコミュニケーション的行為，合理的な討議の可能性について，そのコミュニケーションから排除される人が考えられていないこと，そして，他の社会的領域からの排除をコミュニティレベルで包摂することは安易に考えられるべきではなく，地域社会，コ

ミュニティを含めた複数の機能システムからの排除の累積こそを問題とすべき
とする．

　この点は，ソーシャル・キャピタルをめぐる議論でも同様に展開されている．
ソーシャル・キャピタルとは，代表的な論者であるパットナムの定義によると，
「調整された諸活動を活発にすることによって社会の効率性を改善できる，信
頼，規範，ネットワークといった社会組織の特徴」（パットナム，2001：206-7）
であり，地域社会の行政パフォーマンスや，経済的な成長，地域社会の発展に
結びつく基盤として把握されている．地域コミュニティにおける社会的ネット
ワーク，互酬性の規範，信頼性はさまざまな社会的パフォーマンスを高める
（パットナム，2001）一方で，その結束が，閉鎖性や排除など「ダークサイド」を
生み出すことも指摘され続けている（Portes, 1998；Field, 2003；稲葉，2021）．

　以上の点は，社会における包摂全般の議論として語られてはいるが，コミュ
ニティレベルの問題に引きつけても極めて重要な問題である．つまり，セーフ
ティネットとして期待されるコミュニティの包摂機能に対して，包摂機能を有
する強いコミュニティは排除のベクトルを内包するというパラドックスが浮か
び上がってくるのだ．こうしたパラドックスをどのように乗り越えることがで
きるのか．外国籍住民の集住する地域コミュニティにおいても，この理論的な
問題が重要となってくる．

8　地域コミュニティの排除の先に

　こうしたコミュニティの排除のメカニズムとコミュニティによる包摂の困難
性についてどのように応答するべきなのか．強いコミュニティは，同質的で凝
集性が高い傾向を持ち，逆に，弱いコミュニティは異質性が高く凝集性が低い
傾向があるという強いコミュニティと排除のジレンマが不可避であるならば，
公的領域，私的領域の縮小の中で高まるセーフティネットとしての地域コミュ
ニティへの期待は成り立たないことになる．にもかかわらず，あえて地域コミュ
ニティにこだわる理論は，どこにその可能性を見いだしているのだろうか．

　排除のない地域コミュニティのイメージはこれまでもいくつか提示されてき
た．ジョック・ヤングは，複数の世代にわたる，地域への個人の埋め込み，熱

心な対面的相互作用，成員相互に関する膨大な直接情報，きわめて強力に機能するインフォーマルな社会的統制，アイデンティティの地域的感覚の提供，地域空間と地域文化のアイデンティティを特色とする「有機的コミュニティ」に対して，マジョリティが存在せず，大多数はマイノリティとして存在する「変形力ある包摂」の機能を持つ「多孔的コミュニティ」を展望している（ヤング，2008：397）．金子勇（2011：184-5）は，寛容性のあるコミュニティの条件として，地域社会における接触・相互作用，共通の展望と帰属感，公平性，平等性の保障を基盤にしたコミュニティの凝集性に期待を寄せている．また，田中重好は，地域社会学が見落としてきた共同性の問題として，同質－異質，閉鎖－開放という軸で整理した場合の異質・開放空間における「他人性を前提とする共同性」を指摘する（田中，2010：79-80）．

　このような理念型としての排除のない地域コミュニティのイメージを描くことには一定の意味があるだろう．しかし同時に，こうした地域コミュニティが実現可能なのかという素朴な疑問も浮かび上がる．問題は，どのように排除型ではないコミュニティへの移行メカニズムを見いだすことができるかである．この点に関して五十嵐泰正（2010）は，東京，上野のフィールドワークから，排除と包摂を伴う二重の規範として機能する「コミュニティ」のあり方に注目する．ここでは，「あたたかいコミュニティ」としての「下町」と地域へ愛着に裏打ちされた共同性を保持することにより，エスニックな「他者」を排除する危険性を持つ一方で，「骨を埋める覚悟」という包摂の基準を設けることから，「コミュニティ」のメンバーシップが特定の人種やエスニシティに限定されずに機能することを見いだす．つまり，地域への愛着に基づく「コミュニティ」が包摂の範囲を広げることにより，メンバーシップの境界を拡大する点を重視したのである．

　また，地域コミュニティにおける排除を作動させる機制のひとつとして取り上げられることの多いセキュリティに関する議論も，別の角度からの検討が必要かもしれない．五十嵐（2012）は，東京都台東区上野の防犯パトロール活動の事例から，セキュリティという共通の関心を設定することが異質な成員を排除しないコミュニティ形成を可能にするという，全く逆の方向性を見いだしている．ここでは，セキュリティの論理によるコミュニティ形成の道筋が明らか

にされているが，排他性を伴うと批判されてきたセキュリティの論理とコミュニティ意識の接合が見られる点に注目したい．

　以上の先行研究の知見から見えてくるのは，何らかの異質性を包摂しうる共同性の要請が，排除を作動させるカテゴリーを絶えず無効化する可能性があるということだ．これは，個別の利害関心に基づく「協働関係」から価値の合意に基づく「共同関係」への移行，すなわち共通関心というマッキーバー（1975）以来の鍵概念の重要性を再確認するものと見ることができる．地域コミュニティベースの共通利害・関心を探り当てるにあたって，共通利害を強制したり，帰属を強要したりするのではなく，その利害・関心の枠組みを絶えず変容させていくことが不可欠の要素であるが，こうした視点を踏まえつつ，次の章では西尾市の公営住宅におけるコミュニティ実践に立ち戻り，コミュニティ実践で蓄積されてきた「方法」という点から分析を試みたい．

注 ────────────────────────────────────

1）『三河新報』1993年10月6日．

2）『静岡新聞』2020年7月22日．

3）https://www.stat.go.jp/data/roudou/sokuhou/tsuki/index.html（2021年9月1日確認）．

4 章

外国籍住民とコミュニティ実践

▌ 1　ある公営住宅でのコミュニティ実践から

　住宅に住む外国人に規約を説明したら，これは「日本人のルールでしょ」
と言われたことがある．日本人の作ったルールには乗れない．みんなで作っ
たルールではないからだと教えられた．そこで日本語とポルトガル語の両
方で規約を作り直した．

　コロナ禍が深刻化した2020年の秋に，ある団地での外国籍住民との地域コ
ミュニティづくりのトラブルへの対応を考える際にうかがった，2章で紹介し
た元自治会長の言葉である．この団地では，自治会活動の文書翻訳とともに，
会議もポルトガル語の通訳を入れて実施されている．外国籍住民が著しく増加
した地域において，外国籍住民がコミュニティ実践に参画する「方法」が積み
上げられてきたのである．前章で見てきたコミュニティの強さと同時に，排除
を生み出すことのジレンマに対するひとつの解決策を示しているように感じら
れた．ここで，外国籍住民の参画するコミュニティ実践のあり方を検討してい
こう．

　高齢化，生活困窮層の集住などさまざまな問題が集積するなかで，その解決
がコミュニティ実践に求められているのが，公営住宅の地域コミュニティの現
状である．日本で暮らす外国籍住民の民間賃貸住宅や持ち家での居住が増えて
いるとはいえ，入居時の差別などの障壁がない公営住宅への入居率は依然とし
て高い状況にある．特に集住する地域では，コロナ禍において失業などの労働

問題が深刻化し，子どもたちの教育にも影響を及ぼしている．5章で検討する孤独・孤立の問題も見逃すことができない．多くの集住地域で厳しい問題が積み重なるなかで，1章で確認したように，地域コミュニティ，コミュニティ実践においてそれらの課題解決が迫られている状況だ．

　筆者は愛知県内のいくつかの地域で外国籍住民と地域コミュニティの「共生」にかかわる調査研究を行い，また，講演や研修，多文化共生推進プラン策定などの仕事にかかわっている．こうしたかかわりにおいて，常に確認していることが，強いコミュニティと排除のジレンマの問題である．このジレンマを乗り越えるために，「共生」といった理念ではなく，コミュニティ実践のプロセスから生み出された「方法」から考えることを目指してきた．ここでは，西尾市にあるB団地におけるコミュニティ実践で築かれた「方法」を考えてみたい．

2　愛知県の県営住宅

　愛知県の県営住宅では，外国籍住民の入居がはじまった初期の1992年には入居率が1.3％に過ぎなかったが，2005年には10％を超え，2021年4月現在で，外国人世帯は6842戸と15.4％を占めている．このうちブラジル籍が43.3％と最も多く，外国籍世帯の入居比率が半分を超える団地も珍しくない．なかには7割近い住宅もある（表4-1）．これらの団地では，ゴミの投棄をめぐる問題や騒音，生活習慣の違いによる生活上の問題や，外国籍児童の比率が7割を超える小学校も現れているように，教育面でも特定の問題が集中する集住地域特有の現象が生じることとなった．

　これまで見てきたように，外国籍住民の雇用形態の不安定性などに起因する諸問題が，居住地域の地域コミュニティに負わせられる構造があるわけだが，実際に公営住宅の地域コミュニティに対してどのような形で課題解決が求められ，取り組みが進められてきたのか．まず，公営住宅のコミュニティ実践の基盤となる自治会は，あくまでも任意加入が原則である．2015年4月26日の最高裁判決では，公営団地の自治会加入は強制ではなく，「一方的な意思表示で退会可能」とされた（塩崎，2005；星野，2006）．共益費の支払い義務は認めるが，自治会費の支払い義務はなく，自治会が任意加入であるという判断が示された

表 4 - 1　愛知県県営住宅外国人入居戸数・比率の
推移

年	愛知県	県営A住宅	県営B住宅
2005	5,722 (10.3%)	471 (50.3%)	46 (56.2%)
2007	6,383 (11.6%)	507 (54.4%)	45 (56.3%)
2009	6,383 (11.6%)	558 (58.2%)	34 (52.3%)
2011	5,942 (11.6%)	501 (56.7%)	35 (48.6%)
2013	5,941 (11.9%)	532 (60.1%)	37 (52.1%)
2015	6,167 (12.5%)	541 (61.7%)	35 (51.5%)
2017	6,731 (13.9%)	557 (65.1%)	38 (58.9%)
2019	6,842 (14.5%)	551 (66.6%)	43 (62.3%)
2021	7,097 (15.4%)	537 (67.9%)	48 (66.7%)

出所：愛知県住宅管理室資料より作成.

　この判決により，「全戸加入を原則とする」という前提が崩れ，自治会活動に
対して大きな影響を与えることとなったのである.
　しかし，こうしたなかでも，公営住宅の管理運営では，居住者すべての自治
会加入を原則として，自治会活動による管理が前提とされている. これは公営
住宅に係る法制度に基づくものである. 公営住宅法第二十七条では，「公営住
宅の入居者は，当該公営住宅又は共同施設について必要な注意を払い，これら
を正常な状態において維持しなければならない」と定められており，入居者の
自主的な管理としての「入居者の保管義務」が原則とされている. 愛知県では
「募集案内」，「入居者のしおり」において，自治会加入が「必要」であるとす
る文言が認められ，法的な「義務」ではないものの，自治会加入が強く促され
ている. 自治会活動についてのお願いとして，「連絡員や近所の方に自治会（町
内会）の役員の方をお聞きになり，早急に入会手続きをしてください. 入居者
全員の協力で自治会活動を行ってください」とされ，活動としては，「共益費
の徴収・運用，自衛消防隊の結成及び消防訓練の実施，地震に対する自主防災
組織の結成，集会所運営に関すること，その他入居者相互の親睦，居住環境の
維持」が求められている. ここで注意すべきは，『県営住宅　入居者のしおり
外国語版』では，「必ず自治会へ加入しなければなりません」というように，

より強い表現となっている点である（松宮，2018b，2019a）．文言を見ると，「県営住宅へ入居と同時に必ず自治会へ加入しなければなりませんので，当番や役員などを積極的に引き受けるなどして，自治会への参加と協力をお願いします」とされているのだ．このように，県営住宅においては，自治会活動の役割が極めて重視されていることがわかる．

　このような形で自治的管理が求められているとはいえ，3章で見てきた公営住宅をめぐる福祉対応政策により，高齢化など，自治基盤が厳しい状況におかれており，自治会の担い手不足や，自治会活動自体の停滞が顕在化している状況だ．また，多くの集住地域において，外国籍住民が地域コミュニティに参加せず，「フリーライダー」となることが多い．この点に対して丹野清人は，特に製造業での間接雇用が多い南米系住民の労働をめぐる不安定な状況においては，長時間労働や夜勤の多さなどにより，「強制されたフリーライダー」としてとらえるべきだとする（丹野，2007：119）．外国籍住民の地域生活が極めて困難な条件の下で，外国籍住民の増加にかかわる課題が住宅に押し付けられ，自治活動を強いられる構造がある．

　もっとも，外国籍住民の参画により，外国籍住民の集住を問題としてだけでなく，集住形態を生かした地域コミュニティ形成につなげる実践も展開されている．東海地方と並ぶ南米系住民の集住地域である群馬県太田市，大泉町での調査からは，公営住宅が民間アパートよりも「秩序」が生まれやすく，「棲み分け」自体が困難であるため，日本人と外国人との交流も生まれやすいとされている（小内，2009：181）．ここからは公営住宅における自治の側面に注目し，地域コミュニティによる諸課題解決への期待にもつながる．これは楽観的すぎるシナリオにも見えるが，実態としてはどのようなものか．外国籍住民が参画する地域コミュニティ形成で注目される，愛知県西尾市の事例から見ていこう．

3　西尾市の県営住宅におけるコミュニティ実践

　表4−1に示したように，愛知県の県営住宅における外国籍世帯の比率は年々増加しており，2021年度は15.4％となっている．自動車産業の集積する三河地域は外国籍住民の集住団地が特に多く，表4−1の豊田市の県営A住宅，西尾

市の県営Ｂ住宅は，その比率の高さで知られている．なかでも県営Ａ住宅は，その象徴的な地域である．2015年度と2020年度に，筆者もかかわったＡ団地で暮らす外国籍住民の調査からは，自治会加入について「わからない」という回答が多数を占めていることが明らかになった．つまり，自治会に加入しているにもかかわらず，その活動状況が見えてこないような現状をうかがい知ることができる．

　これに対してＢ団地は対照的である．外国籍住民を積極的に「住民」として位置づけ，自治会活動への参画を促しているからだ．このような事例は，静岡県磐田市の事例（渡戸，2011）などいくつかの例外を除き，外国籍住民が集住する公営住宅では極めて珍しいケースである（稲葉ほか，2010）．

　こうした外国籍住民の参画は，はじめから実現したわけではなかった．Ｂ住宅が位置するＰ町では，外国籍住民が増え始めた1990年代当初は，町内で建設が計画された人材派遣会社の寮に対して反対運動が行われるなど，外国籍住民の増加に対して排除の動きがあった．「男はいいけど，女性は中年以上の人はみんな外国人に反対，Ｍ社の寮の前を通るなと孫に言っている」という声を耳にするのも事実である．公営住宅における外国籍住民の増加と集住をめぐっては，これまで生活上のトラブル，住民同士の摩擦などさまざまな問題が指摘されてきた．稲葉らによる公営住宅の調査研究では，団地の外国人入居率が10％になった時点が問題の顕在化してくる時期の目安とされている（稲葉ほか，2010：2402）．西尾市で2004〜2005年に実施した日本人住民を対象とした意識調査において，6割が「ブラジル人・ペルー人が近隣に居住すること」に対して否定的という結果であった（山本・松宮，2010）ことからも，日本における多くの外国籍住民の集住地域と同様，排除の動きが認められたことを確認しておきたい．

　さて，外国籍住民の地域コミュニティへの参加状況を見ていくと，2008年9月に実施した「西尾市外国人住民調査」では，全体として「不参加」が半数以上となっていた．町内会・自治会，地域の行事，子ども会，地域の防災訓練など，地域コミュニティに限定しても，極めて低い参加率であることがわかる（表4-2）（松宮，2017a）．

　対照的に，同時期に西尾市内で外国籍住民が集住する3つの県営住宅で実施

表4-2　外国籍住民の団体・活動への参加（%）

	不参加	あまり活動せず	参加・積極的に活動	参加希望	無回答
町内会・自治会	56.8	12.8	5.1	11.5	13.7
夏祭りなど地域の行事	49.6	21.4	5.1	9.8	14.1
地域の子ども会	65.4	6.0	4.3	7.3	17.1
地域の防災訓練・防災活動	52.1	11.1	3.8	17.5	15.4
同じ国／地域の人々の集まり	55.1	12.4	7.7	9.0	15.8
その他のボランティア活動	66.2	2.1	2.1	8.1	21.4

した調査では，外国籍住民の団地自治会の加入率が100%であり，役員経験が31%に認められた．B住宅の2015年度自治会役員の構成を見ると，自治会長がペルー人，副会長がブラジル人であり，駐車係や，電気・防犯係，子ども会役員にブラジル人が就いている．ここからは，外国籍住民が地域コミュニティに積極的に参画している姿を見いだすことができる．

　外国籍住民の自治会参画の状況を見ると，県営B住宅では毎月一回の役員会は，必ずポルトガル語の通訳を入れる形で実施される．2019年度の自治会役員24名のうち，外国籍住民は10名であり，副会長，会計，駐車場係，電気・防犯，班長，集会所管理，地域役員（町内会）に就いている．住民構成としては高齢化が進み，自治会役員の担い手不足が課題となっているが，外国籍住民の参画により，自治会活動の維持が目指されているのだ．

4　県営B団地のコミュニティ実践

　こうした外国籍住民の自治会活動への参画は，どのようなプロセスで実現したのだろうか．B住宅では，1990年代前半から南米系住民を中心に外国籍住民の増加が見られ，1995年に15世帯となると，自治活動を進める上で，ゴミの問題や騒音，違法駐車など多くの問題が浮上したという．こうした問題に対して，当時の自治会長を中心に，自治会役員の補助として日本語ができる外国籍住民による通訳・翻訳委員を新設し，言語的障壁の解決を目指した．特に大きな問題となっていたのがゴミ分別の問題であり，ゴミ出しルールのポルトガル語翻訳を実施し，西尾市環境課によるゴミカレンダー，ゴミ袋への外国語表記につ

なげていく．1997年には，さらなる外国籍入居者の増加に伴い，外国籍住民から自治会役員，班長を選出するようになる．1998年には入居戸数の4割以上が外国籍世帯となった段階で，自治会副会長にブラジル人住民が就くよう依頼し，1999年からは自治会費集金係も外国籍住民がつとめるしくみが作られていく．この年からは，町内会の祭礼にブラジル料理の出店をはじめ，子ども会の役員にも外国籍住民が就くようになり，団地内部だけではなく，団地が位置する町内会組織にも，通訳・翻訳委員を新設した．このように，1990年代後半から，外国籍住民が地域コミュニティに参画するしくみがひとつひとつ整えられることになった．こうして外国籍住民の団地自治会への参加のしくみが整えられていったわけであるが，その象徴的な出来事として，2007年のペルー人の自治会長誕生が挙げられる．

　ここで注意したいのは，ただ単に地域への同化を促したのではなく，地域コミュニティの制度的枠組みを再編した点である．重要な文書はポルトガル語に翻訳され，清掃活動，自治会の役員会，そして団地内の放送も，すべて通訳を介してポルトガル語での情報提供がある．このことによって，外国籍住民の地域参画が一定程度進むこととなった．Ｂ住宅では，教会に通うグループ，主にブラジル学校に通う若い世代によるカポエイラ，空手のサークル活動など，団地住民をベースにした多様なネットワークが形成されていたが，団地を基盤とした南米系住民のコミュニティが，さまざまな生活上の課題に対応する基盤となっていった．

　こうした団地のコミュニティ実践は，住宅の自主管理という自治的機能という面で大きな意味を持つ．この点とともに，2008年秋のリーマンショックの際に，外国籍住民の生活基盤を支える力が発揮されたことにも注目したい．2009年4月に実施した調査では，Ｂ住宅の39世帯の外国籍世帯のうち，実に25世帯で失業者が認められた．また，失業には至らなくても勤務時間の大幅な短縮により経済的に困窮する南米系住民も増加し，ブラジル食材店の撤退や，ブラジル籍住民主導の活動が縮小するなど，地域コミュニティの弱体化も進み，団地集会所で開催されていた日本語教室，ポルトガル語教室も閉じられていった．こうした深刻な状況に対して，南米系住民のコミュニティと団地の自治会，そして自治を基盤にした外国籍住民の支援組織が連携を強化して取り組みを進

め，保育園でのプレスクールと団地自治会との連携や，外国籍の子どもたちへの支援が進められた．

　このように，B団地の自治活動を基盤にしたコミュニティ実践が，緊急雇用対策事業や，教育支援制度の実質的な運営に際して重要な役割を果たした点に注目したい．経済不況下で実施された諸施策に対して，ブラジル人コミュニティと団地の自治会，そして自治会を基盤にした外国籍住民の支援組織であるG会が連携を強化して取り組みが進められているのだ．B団地の日本語教室が不就学の外国籍の子どもたちへの支援に発展したことを受けて，2009年度に入り，西尾市教育委員会は，公立保育園への臨時職員の配置や，「多文化子育て支援事業」を進めている．この事業は2008年度までは，愛知県内では初の市の単独事業によるものだったが，2009年度からは愛知県地域振興部国際課の補助（450万円の予算）を受け，外国人児童コーディネーターによる相談・援助，就学説明会，日本語等の初期指導，プレスクール，早期適応教室などを実施している．「不登校・不就学児童特別支援事業」では，予算の2分の1以上を失業者の雇用にあてることが条件である2009年度「愛知県ふるさと雇用再生特別基金事業」を利用し，不就学実態調査と「早期適応教室」を実施した．この事業はG会に委託され，新たに雇用開拓されたスタッフ（ポルトガル語と日本語が話せる正規職員3名，臨時職員2名）によって，不就学5名（そのうち3名は親の失業によってブラジル人学校に通えなくなっていた），保育園，幼稚園に通っていない子ども5名に対して日本語指導などの学習支援が行われた．この事業の成果として，保育園，小学校に各1名，中学校に2名通学をはじめている．また，教室の場所は，P町に位置する人材派遣会社の社員寮の一室を利用して行われており，自治会，自治会ベースの支援組織，行政だけでなく，地元の人材派遣会社との連携が進んだのだ．

　こうして，団地を基盤とした南米系住民のコミュニティが，地域社会に多様なチャンネルを持ち，さまざまな生活上の問題に対応した．経済不況下の困難な状況において，南米系住民のコミュニティと居住地域のコミュニティの連携によって，早期適応教室設置など，現在に至る西尾市の行政としての教育支援施策を中心とした取り組みにもつなげたのである．このことは，外国籍住民の集住する地域コミュニティにおけるコミュニティ実践が，外国籍住民の生活基

盤を支える制度改変へと展開する道筋を示唆するものと考えられる．

　ここで注意したいのは，地域コミュニティの制度的枠組みを再編した点である．重要な文書はポルトガル語に翻訳され，清掃活動，自治会の役員会，そして団地内の放送も，すべて通訳を介してポルトガル語での情報提供がある．こうした動きを主導したＡ氏は次のように語る．「外国人が住んでいる団地や自治会に押しつけられる問題ではないはず．国策で呼び戻したのだから，地域の人に押しつけられるのは筋が違う」と問題状況をおさえる．にもかかわらず，「一歩一歩地域で取り組んでいくしかない」と地域コミュニティの役割を強調する．つまり，問題を発生させたのは地域ではないが，その問題を地域で引き受けていく意志が示されるのだ．そして，排除という形ではなく，地域コミュニティへの参画を可能とする方法をひとつひとつ作り出していったのである．本章の冒頭に示した元自治会長の言葉の含意は，この点にあると思われる．

　もちろん，メンバーとして外国籍住民の参加が保障され，外国籍住民主体の活動が行われているとはいえ，外国籍住民の自治会活動への参入が順調に進んでいるわけではない．日本人住民と外国籍住民の間の通訳や調整を行う外国籍の役員が，外国籍住民の一部と微妙な関係となり，所有していた車に傷をつけられるなどの嫌がらせを受けたり，「日本人」と「日系人」のどちらの味方なのか，ブラジル籍住民から詰問されたりしたこともあったという．そのため，外国籍住民の役員就任には細心の注意が払われてきた．ある住宅では，役員はブラジル籍住民の中で話し合いをして選んでもらっている．これは，日本人の会長による指名では，指名された人が「日本人の味方」だという形で，外国籍住民の側から反感を持たれる危惧があったからだという．

　もうひとつ，１年ごとに変わる自治会の役員組織において継続性が問題となっていた．西尾市内では，会計担当に外国人を入れない方針の団地や，役員交代に伴い，外国籍住民の参画に対して否定的となった自治会も存在する．「日本人には伝えたらわかる．日本人だけの団地では，ゴミの不法投棄は起こらない．外国人に理解してもらえない」といった声や，外国人のせいで団地の問題があるという声が根強く存在するのも事実である．

　もっとも，このように排除の動きや困難があるなかで，ゴミの問題，言葉をめぐる問題など，地域コミュニティの活動において生じた生活課題に対して，

地域コミュニティからの排除という方向ではなく，外国籍住民が参加できる「方法」を見いだし，地域的な課題として解決することを目指している点は重要である．ここに，コミュニティ実践による強いコミュニティと排除のジレンマを超えるひとつの可能性を見ることができるだろう．

5 団地外へのコミュニティ実践の波及

　このような団地内のコミュニティ実践は，団地の自治会活動を，県営住宅の範囲を超えて，広域に展開することを目指している．Ｂ住宅が位置するＰ町町内会において，2006年３月から町内会の下部組織として「外国人交流支援の会」を設置することが承認された．この会は４部に分かれたＰ町町内会の各部から１名ずつ役員を選出し，外国籍住民支援の地域的取り組みをねらいとした組織である．選ばれた４名は各部の町内会長経験者であり，任期は３年となっている．この活動を主導した元町内会役員は次のように語る．「何かをしなければ吹きだまりになってしまうという気持ちがあった．何か問題が起きると，外国人が増えたからこうなったのだと批判する人たちが出てくる．自分がこれをやっているのも，そうならないようにという気持ちだ」，「町内会長の任期１年ではなかなかできないので，３年の任期で取り組みたいと考えた」[1]．こうして団地内の支援活動がＰ町に拡大していったのである．

　さらに，Ｂ住宅自治会の活動を母体に外国籍住民支援活動を市内全域に展開させることを目的としたＧ会が結成されることによって，団地レベルの実践が地域的に広がることとなった．Ｇ会は2001年に県営Ｂ住宅自治会長のＡ氏主導のもとに結成された会であり，役員はＰ町町内会関係者，団地の自治会長を含む役員，自主防災会関係者，外国籍住民のリーダー，人材派遣会社Ｍ社担当者，筆者を含む大学関係者であり，地元選出の市議会議員２名が顧問となっている．年５〜６回，地元の公民館で開催される運営委員会には，会員に加え，市の職員，地区の小学校，中学校の担当者，西尾警察署の担当者もオブザーバーとして参加する．２時間の委員会では，外国籍住民をめぐる問題の共有と，具体的な対応策が検討される．活動内容としては，①地域での生活支援，②外国籍の子どもたちの教育支援の２つを柱とし，団地レベルにとどまらず，市内全域

表 4 - 3　G会のコミュニティ実践（2019年度）

日時	事項
5 月	外国籍保護者懇談会
6 月	愛知県営住宅自治会連絡協議会懇談会
	外国人防災ボランティアグループ勉強会
	外国籍保護者懇談会
7 月	愛知県営住宅自治会連絡協議会懇談会
	西尾市多文化共生推進協議会
8 月	外国人防災ボランティアグループ勉強会
	外国人保護者との懇親会
	愛知県営住宅自治会連絡協議会視察・意見交換会参加
9 月	愛知県営住宅自治会連絡協議会視察・意見交換会参加
10月	B団地防災訓練
	P町祭礼参加
11月	西尾市外国人住民会議参加
	愛知県営住宅自治会連絡協議会視察・意見交換会参加
12月	愛知県営住宅自治会連絡協議会懇談会
	外国人防災ボランティアグループ勉強会
1 月	西尾市外国人住民会議参加
2 月	外国人防災ボランティアグループ勉強会
	地域の国際化セミナーinにしお
3 月	ふれあいセンターフェスティバル参加
4 月	外国人防災ボランティアグループ勉強会

の多様な外国籍住民のニーズにこたえることを目指すものである．

　表 4 - 3 は，2019年度のG会の 1 年間の活動である．このG会の活動は次の 6 点にまとめることができる．

　① 会の発足から2011年度までは，団地の集会室，および近隣にある人材派遣会社の社宅の一室において学習支援教室が実施されてきた．この教育支援事業は，2012年度からは西尾市の事業に引き継がれている．現在の教育支援としては，地区の公立小学校に通う外国籍児童の保護者の定期的な懇談会が実施される．ここで話し合われた内容は運営委

員会にて，学校関係者に提言される．8月には，B住宅集会所で外国籍の保護者と校長，教頭，担当教員が，バーベキューによる交流会を実施している．

② 外国人防災ボランティアグループは2013年に結成され，参加者は8名前後で，代表は2015年度まで自治会長を務めたペルー人住民D氏がつとめている．活動内容は，日本赤十字奉仕団や，地元消防署，自主防災会担当者との学習会を実施し，外国籍住民主体の防災活動を目指すものである．会の活動においては，西尾市の日本赤十字奉仕団のメンバーによるサポートが行われている．

③ 愛知県営住宅自治会連絡協議会は，1995年に西三河支部の活動を中心にした県営住宅の自治会連合会であり，愛知県内全体での問題共有と，自治活動の促進を目指す活動である．県内の他の住宅自治会との意見交換・視察を行う．愛知県自治会連絡協議会は外国籍住民の増加を，自治会活動で解決せざるを得ない課題として受け止め，外国籍住民にさまざまな問題の責任を帰属させるのではなく，外国籍住民に自治会活動への参画を促し，自治活動の取り組みとして解決することを目指している．その意義として，「住民」というカテゴリーで外国籍住民を自治会活動に巻き込み，生活支援・教育支援につなげていることが重要だろう．懇談会の場を通して実際に外国籍住民が参加できるルールの改変や，方法を地道に共有する実践であることを指摘できる．参加する他の団地関係者は，外国籍住民との自治会活動を構築するための「やり方を学ばせてもらっている」という．

④ 10月のP町祭礼，3月の地元公民館の祭りには，G会の外国籍住民による，ブラジル料理，ペルー料理を提供する交流事業に参加している．ここでは，団地の外国籍住民とともに，P町にある人材派遣会社M社の社員寮の関係者も参加し，小学校区レベルの活動への参画が認められる．

⑤ 西尾市外国人住民会議，西尾市多文化共生推進協議会には，G会に所属する外国籍住民が中心に参加している．G会の運営委員会で検討された事項について問題共有・提言が行われる．これまで，外国籍住民

とのコミュニティ実践のなかで把握された，言語情報の問題，教育支援，市民病院の通訳派遣などが要望され，西尾市の施策につながるなど一定の成果を得ている．Ｂ団地を中心としたコミュニティ実践の取り組みではできない部分について，行政の取り組みのなかで実現を目指したものである．

⑥ 地域の国際化セミナーinにしおは，防災，教育，自治，NPOとの連携など，当該年度において重要なテーマについて議論するシンポジウムである．

　このようにＧ会の活動は，Ｂ住宅の地域コミュニティ→Ｐ町町内会→市内全域に波及した．市の施策としても2000年代に入り，各種翻訳の充実や，通訳の配置，2004年から外国人住民に関連する17部署の連携強化や，市教育委員会によるバイリンガル指導協力者の増員を実施するなど，多文化共生施策を進めてきた．2009年からは年３回の外国籍住民会議，年２回の多文化共生推進協議会が開催されるようになり，市の地域福祉計画にも「多文化共生社会形成の推進」が謳われている．

　このような形で自治体施策を大きく変える役割を果たした要因は，2001年以降ほぼ毎年Ｇ会の議論を踏まえて西尾市長宛に提出される提言・要望書の存在を指摘することができる．この提言・要望書はＧ会だけでなく，町内会・自治会長，および地区コミュニティ推進協議会会長との連名で提出されている．一市民団体ではなく，団地自治会，町内会という地域ベースの合意形成の上で提出されたものであるがゆえに，「住民代表」による要望として市も無視することができず，市の取り組みを大きく変えることになったのである．さらに2013年からＧ会の代表であるＡ氏が多文化共生推進協議会副代表に就くことにより，Ｇ会での議論が市の施策に反映される制度的な枠組みに結びついていく．団地のコミュニティ実践が，自治体の制度的な取り組みにもつながりうることを示すものと言えよう．

6　コミュニティ実践のロジック

　では，こうしたＢ住宅を中心にした，外国籍住民の地域コミュニティ参画を促すコミュニティ実践の「方法」はどのような形で形成されてきたのだろうか．筆者は，この地域で外国籍住民の地域参画が進んだ要因として，外国籍住民の増加に向き合った日本人のリーダー層が築き上げてきた，さまざまな対立を超える地域的合意形成のロジックが重要な役割を果たしたと考えている．以下に見ていくロジックは，いずれもＧ会の運営委員会において，外国籍住民に対する排他的な動きが認められたときに反論する際のロジックである（松宮，2017a）．

　最も多く用いられていたロジックは次のようなものである．「自治会・町内会の一員としての外国人」という位置付けのもと，外国籍住民を自治会，町内会の一員として受け入れ，会費納入を前提として，「会費を払うからには地域の一員である」というロジックによって，排斥の対象にすべきではないとするのだ．たとえば，次のようなＡ氏の語りが挙げられる．「当初，神社の祭りになぜ外国人という声があった．神事からしたらそうかもしれないが，同じ地域に住み，同じ町内会費を払っているのだから，外国人も入るのが当然．地域の，そこに住んでいる人のコミュニケーションとして考えればいいのでは」という．このロジックをベースにして，「防災」と「子ども」によるロジックが多く用いられている．「防災」を強調するロジックは，「地震が起きたら，日本人だろうと外国人だろうと同じ問題が生じるから，地域の中で仲良くしていくべきだ」という語りとして表明されるものである．また，「共生の取り組みは子どもたちのため」，「大人はともかく子ども同士は仲良くできる」というように，「子ども」を強調するロジックも用いられていた．どちらのロジックもあえて「外国人」というカテゴリー化を避け，外国籍住民とともにコミュニティを強化することを訴える点に注意したい．

　さらに，地域レベルでの外国籍住民を巻き込んだ取り組みが，「外国人のためではなく地域自治のため」とするロジックが用いられることが多くなっている．ここには，あえて「外国人」を前面に出さずに，外国籍住民を排除しない形で活動を進める志向を読み取ることができる．最近では次のような語りが見

られる．「住宅は65歳以上が半分．町内で頼りになるのは外国の子．うちは12
班のうち5班で外国人が班長，半分は母子世帯と高齢者．高齢化によって，若
い人は外国人と母子家庭ばかりになる．外国人の若い子にできる限り引っ張っ
てもらいたい」，「絶対に外国人の防災の問題は外せない．要援護者ではなく，
どのように支援者になってもらえるかが課題」，「自分たちがオタスケマンでは
なく，仲間にしていこうというのがある．大震災のようなことがあると，日本
人は高齢化していてだめ．外国人が担い手．防災だけじゃなく，共同清掃も．
いろいろやってくれる担い手の中心になってもらっている」．これらは，高齢
化や，福祉的対応が進む公営住宅の居住者層をめぐる課題に対して，外国籍住
民の参加に期待を寄せるものである．これまでも西尾市の県営住宅では外国籍
住民が役員になる体制が作られてきたわけだが，さらに一歩進んで，自治活動
をすすめるための中心的役割を外国籍の「子ども」を含む若い層に期待するの
だ．

　このように多様な関係者の参加により，B住宅自治会という範囲を超えて，
外国籍住民が参画する仕組みがつくられていることが注目される．排除という
形ではなく，むしろ参画を促し，地域コミュニティを強化することが意識的に
取り組まれてきたと言えるだろう．

　さて，コミュニティにおける排除からの移行の際に重要な役割を果たすのは，
排除されるカテゴリーに対して，接触・相互作用が持つステレオタイプ的認識
からの脱却効果である．社会心理学の理論では，集団間の対立・葛藤を回避す
るのに必要な点として，① 地位の対等性，② 協同＝目標の共有と協力，③ 社
会的・制度的支持，④ 親密な接触の4つの要素があるとされている（北村・唐
沢編，2018）．団地のコミュニティ実践では，① 地位の対等性，③ 社会的・制
度的支持，④ 親密な接触を目指しつつ，外国籍住民の参加の仕組みをつくり
出し，② 協同＝目標の共有と協力をコミュニティ実践において構築されてき
たロジックにより，排除を超えたコミュニティ実践の「方法」が築き上げられ
てきたとみることができる．

▌ 7　流動的なコミュニティと階層

　もうひとつ確認すべきことは，団地が定住者中心ではない，流動性の高いコミュニティであり，同質的な集団と見られがちな団地で暮らす「日本籍」の住民も，実に多様な背景を持っていることだ．愛知県はトヨタ系の自動車産業の集積と公営住宅の建設が連動した形で行われており，この団地に暮らす日本人住民の多くが西尾市外出身の新住民である．2004年に実施したY団地の日本人住民調査では，西尾市生まれは28%にすぎず，64%が西尾市以外の出身者であった（松宮, 2008）．ここで紹介した元自治会長も九州や北海道の出身である．こうした活動の中心となって取り組んでいたB団地の元自治会長は，ブラジル籍住民について「同じデカセギかもしれん」と述べる．この言葉は，日本人対ブラジル人という図式的な認識の転換を迫る重みがあるだろう．この団地に「よそ者」として住み始めた，そして「よそ者」として地域にかかわるようになった経験が，自治会のルールはこのように決まっているのだからというロジックで強引に従わせるのではなく，必要な課題に対して柔軟に組み替えていく運営方針をとったことに反映されているのではないだろうか．このように，新たな地域で暮らし，新住民として地域とかかわりを持つ上でさまざまな苦労を経験したことから，外国籍住民が多くなるという状況に対して，団地の自治会活動という枠組みを変容させたのである．その意味では同じ「よそ者」としての外国籍住民も，団地自治の既存の文化に同化させられたのではなく，ルールの明確化や，翻訳・通訳体制により外国籍住民参加の仕組みが作られることで，外国籍住民が主体となったさまざまな活動や文化が地域コミュニティに根付くようになったと見ることができる．こうした点に，地域での「共生」の取り組みを通じて既存の地域コミュニティを再編し，外国籍住民の社会参画を保障する地域レベルの制度化と，その制度を支える住民レベルで共有された「方法」が明らかになる．ここに，地域コミュニティベースの共生論がとらえようとしてきた「外国籍住民」としての位置づけの持つ意味と，一定の社会参画につながる可能性を見いだすことができるように思われる．

　もう1点，3章で見てきたように，公営住宅では，国籍を問わず，ブルーカ

ラー層が多いという階層的特性がある．これまで日本人の外国人に対する意識
構造の研究からは，ブルーカラーであるほど排他的な意識が強いとされ，否定
的な要素としてとらえられる傾向が強かった（濱田，2010）．しかし，こうした
ブルーカラー層の持つ文化がどのようなものかについては再考の余地がある．
この点について，浜松市でフィールドワークを行ったRothは，ブルーカラー
の日本人は，労働市場の面で競合関係にあるためブラジル人に対して否定的な
意識を抱く一方で，近所づきあいや祭りの場面では，ブラジル人との間の関係
形成では積極的であったことを明らかにしている（Roth，2002：127-8）．Roth
が明らかにした浜松の地域コミュニティでの関係形成は，西尾市の団地を中心
とした地域コミュニティにおいても見いだすことができた．一例を挙げると，
B団地自治会，G会を主導したA氏は，「なぜ，このような活動に励むのか」
というかけた筆者に対して，「自分はずっとトラックの運転手をしていたから，
任侠の精神を大切にするんです．だから，ブラジル人だ，なんだということで
はなく，信頼なんです」と述べる．こうした文化がゆるやかに共有され，「日
本籍」も「外国籍」も含めてブルーカラー層が多く居住する県営住宅で「共生」
を可能とした条件となったと見ることもできる．

　住民全体の意識に目を向けると，筆者らによる西尾市「日本籍」市民に対す
る意識調査の分析からは，ブルーカラー層が否定的な意識を持つ傾向は認めら
れず，外国人との関係を持つほど肯定的となるという知見が得られている（山
本・松宮，2012）．ネットワーク，接触の効果を見ると，「ブラジル人・ペルー人
の近隣居住に対する意識」については，「外国人とのつきあい」の有無が強い
規定要因となっていた．つまり，「外国人とのつきあい」がある人の方が，「ブ
ラジル人・ペルー人が近隣に居住すること」に対して肯定的であるというもの
である．この知見は，外国人とつきあいを持つことによって「顔の見える」関
係ができ，近隣住民として受け入れようという態度につながるというものだ．
ここからは，個人の属性に規定された外国人意識ではなく，関係性の変容から
意識レベルの変容へ，さらには地域社会レベルへの波及という道筋も考えられ
る．つまり，外国人とつきあいを持つことによって「顔の見える」関係ができ，
「住民」として受け入れようという態度につながるわけだ．これは，外国人に
対する排他的意識に対抗する，地域的接触がもたらした効果と見ることができ

るだろう．B団地，G会によるコミュニティ実践の持つ方法が，排除の動きに対して，特に排外主義的な動きに対して，一定の効果を持つことを示唆する知見と言える．[2]

8　コミュニティの強化と排除のジレンマを超えて

　冒頭の言葉に戻ろう．地域コミュニティに期待が集まる状況の中で，排除に結びつかない地域コミュニティはいかに可能かという課題について，西尾市の県営B住宅を中心としたコミュニティ実践から検討を行ってきた．急増する外国籍住民を排除ではなく，参加を促進することで地域コミュニティを強化する実践は，「都市コミュニティ・モデル」（松本，2004）の再評価につながる知見と考えられる．たしかに，吉原直樹（2011：82）が指摘するように，「もともと地縁／町内会では階級，職業が混在しており，宗教，心情もきわめて雑多である」とするならば，こうした地域コミュニティが排除にはつながらず，「住縁」を基盤にした包摂の潜在力に期待することも無理なことではない．

　筆者は，西尾市のコミュニティ実践でのかかわりから，授業や多くの実践現場で，この「方法」について論じ，対話を重ねてきた．地域コミュニティのレベルで，排除につながらない強いコミュニティをつくる「方法」の事例を通して，流動化する地域コミュニティのあり方と「方法」を検討してきた．ここでの含意として，共通の目標設定というマッキーバー的な方法（マッキーバー，1975）と，意識レベルではなくコミュニティ実践において実際に活動を進めていく「方法」を強調した．

　もっとも，こうした西尾市でのコミュニティ実践を他の地域で語った際に次のように言われたことがある．ある自治体の自治会長中心の研修で「あっちの人は権利ばかりで義務はない．日本の文化と根本的に合わない．できるわけがない」という趣旨であった．また，学会でも「日本人側にある一定の理想像があり，それに適合的な行動を日系人がしたと考えているのではないか？」，「柔らかい同化強要」（都築，2006：131）などの批判が寄せられたこともある．他の地域でも対話を続けるなかで，すばらしいストーリーとしての内容のみを強調してしまっていることにも気づかされた．

　実際，次のような問題にも触れておく必要がある．本章で見てきたコミュニティ実践であるが，町内会・自治会を基盤とした「住縁」であることの問題もある．その最も大きな限界が，最長でも 5 年間の期間に居住が限定される技能実習生に対しては，「住民」というカテゴリーが適用されないことだ．さらに言えば，「町内会のメンバー以外の外国人」の排除については正当性を持つことになる．実際，積極的に外国籍住民の地域での受け入れを推進してきた中心メンバーでさえも，「定住する人には協力するが，一時的な滞在者には協力できない」，「中小の人材派遣の寮は，出入りが激しいので，アパートの大家にもう，入れないでくれと要望したい」と極めて排他的な意見を述べていた．つまり，外国人一般ではなく，定住する外国籍住民に限定された参画が志向されているとも言える．

　ただし，G会の活動は，住民としての外国籍住民だけではなく，市内の外国人全般への施策に結びつけた点で，この課題を一定程度乗り越えているように見える．この点をおさえつつ，ここで指摘しておくべきことは，本章での事例分析のねらいが，地域コミュニティをよいものとみなし，その活動を全面的に賞賛するものではないことだ．むしろ，B住宅，G会の活動の分析からは，絶えざる地域コミュニティを変容させるプロセスの重要性である．排除の機制を有する地域コミュニティの持つ限界をひとつひとつ乗り越える形で改変していく「方法」である．

　この点について盛山和夫は，現実の共同性は規範的にも良く，共同性はお互いに十分理解し合っていることから成り立ち，人びとが同質的で同じ考え，同じ価値観を抱くことから成り立っているといった，間違った暗黙の前提を指摘する（盛山，2011：52）．そして，「共同性」の理念のあやうさを，「既存の共同体の再生や強化を考えるだけに終わってしまう危険」に求め，「既存の秩序の中にある共同性を経験的に同定すること」に重点をおくことにより，結果として既存の秩序に対して無批判的になる傾向を指摘する（盛山，2012：24）．公共性を有する，排除に対抗するコミュニティの問題を考える上では，既存の地域コミュニティの共同性がよいものという前提ではなく，その限界を見据え，地域コミュニティを絶えず改変する「方法」を組み込んでおくことが重要なのである．

　ここで意識的に追求したのは，地域コミュニティの排除の機制を意識した上で，排除ではなく参加に結びつける自治組織づくりの「方法」と，その組織づくりを生み出すロジックの持つ機能を探り出すことである．ここから，地域コミュニティベースの共生論の可能性を示す根拠として，外国籍住民として地域社会への参画が認められること，それが自治体レベルの政策・制度改革につながることを確認した．地域コミュニティレベルの取り組みでは決定的な限界があるとされた政治的な回路を補完的に確保することが見られたように，地域コミュニティベースの共生論が，一定の限定つきではあれ外国人の社会参画への道筋を開く裂け目を生み出し，地域ベースの「生活共生」が制度レベルでの「システム共生」につながる可能性を認めることができるように思われる．ここに，同質化されず，既存の地域コミュニティの内なる異質性を認識し，「住民」としての共通の地盤を確認しつつ，それぞれの異質性を同質化することなく拡大し，マジョリティの変容をもたらすという「共生」のモデルを提示できるのではないだろうか．

注

1）2016年4月元P町町内会長（60代，男性）へのインタビュー．
2）この点について，他の研究においても，同様の知見が見いだされている．大槻茂美は，外国人との「交流経験」が，外国人との積極的な社会である「自立型共生」を志向する傾向を持つことを明らかにした（大槻，2011）．また，濱田は，外国人との接触が外国人に対する偏見を軽減するという「接触仮説」について，群馬県大泉町，愛知県豊橋市の調査から詳細な分析を行った結果，どちらも，収入の低さ，ブルーカラー職に就いている場合に「排他的意識」が高くなっていた．しかし，大泉町のデータからは，自治会活動への参加と外国籍住民との挨拶以上の関係があることが「排他的意識」を軽減する傾向が見いだされたのである．これは，接触・相互作用を生み出す文脈が，コミュニティにおける排除を弱めることを示唆する知見と言えよう（濱田，2010）．

5 章

つながらないでいること
──孤独・孤立とコミュニティ実践──

┃ 1　ある団地の孤独死から

　筆者は2020年 2 月に放映された，愛知県の外国籍住民の孤独死をめぐるド
キュメンタリー「クローズアップ現代＋『60代の孤独死　団地の片隅で～外国
人労働者の末路～』」（NHK名古屋放送局制作）において，ある男性の孤独死と地
域コミュニティをめぐる問題についてコメントした[1]．この番組は，名古屋市港
区にある九番団地におけるブラジル人男性の孤独死の背景，孤独死に至った孤
独・孤立の問題を長期間の取材によって丁寧に追ったものである．筆者はコメ
ンテーターとして加わったが，地域コミュニティにおいてどのような対応が可
能か，コミュニティ実践の今後について考えることとなった．これまで見てき
た外国籍住民と地域コミュニティの問題とともに，孤独・孤立というもうひと
つの重いテーマに向き合うこととなったのである．
　この孤独死が起きた九番団地は，日本住宅公団（現都市再生機構）によって整
備された団地で，1974年から入居が開始された．丸駒産業が2017年に都市再生
機構から有償で譲り受け，現在は民間の賃貸住宅となっている．名古屋の中心
部からの距離が近いという利便性もあり，人気の住宅だった．この住宅におい
ても，入管法改定施行後の1990年代からは外国籍住民が多く居住することとな
り，現在では入居者の約 2 割が外国籍住民となっている．前章で見てきた愛知
県内の公営住宅の外国籍住民比率と比べると少なく感じられるかもしれないが，
名古屋市では有数の外国籍住民集住団地として知られている．
　さて，上述の番組では二人のブラジル人男性の孤独死の事例が詳細な取材を

もとに描き出されている（池上，2021）．3章で見たように1990年の入管法改正施行以降，多くのブラジル人労働者が移住したわけだが，そのうちのひとりが，64歳で団地で孤独死した，タナカ・アルベルト氏である．アルベルト氏は30代で来日し，自動車やパチンコなどの工場での仕事に従事した．毎日，朝6時に団地を出て，夜8時に帰る生活を続けていたという．団地での生活は，友人とのつながりはあったものの，妻とは離婚し，家族はブラジルに帰国したことで，ひとり暮らしとなり，関係性が希薄なものだった．妻との間に娘がいたが，母国で暮らす娘のために，大学までの学費を仕送りし続けていた．63歳の時，アルベルト氏は，体調が悪化し，肉体労働が続けられなくなる．工場の仕事を辞め，職場とのつながりを失い，孤立を深めることとなった．そして64歳の時に自宅で倒れ，3週間後に亡くなった姿を発見されたのである．

　番組では，この孤独死を防ぐことはできたのか，どのような取り組みが必要かについて検討された．このような孤独死を通じて考えるべきことは多かった．こうした孤独死を防ぐことはできなかったのかという以前に，なぜ，このような孤立状況が生じたのか．日本で働くことを選択し，家族と来日したものの，その後，家族，労働市場とのつながりを失うと，一気にサポート資源を失うことになってしまう．公的な社会保障制度のセーフティネットは全く届いていない．こうした状況に対して何ができるのか．

　多くの場合，このような問題に対しては，つながりを強く求めること，「絆」の重要性が持ち出されることになるだろう．しかし，ともすると，孤独・孤立状態の責任を孤独死した個人に負わせてしまうことにつながる．つながりを持たないことは自己責任なのか．この根本的な問題に目を閉ざすことはできない．だから，こうした問題を考える上では，一足飛びにわかりやすい言葉に行ってしまう前に，孤独・孤立をめぐる問題の構造について確認しておくことが必要となる．

▍2　外国籍住民をめぐる生活保障と九番団地のコミュニティ実践

　ここでまず考えておくべきことは，公的な社会保障制度がなぜ届いていなかったのかという問題である．外国籍住民の日本での定住が進むなかで，社会

保険，国民健康保険未加入という問題が指摘され続けてきた．2012年に実施された岐阜県の外国人住民調査でも，年金未加入者が半数を超え，世帯収入200万円未満の層で医療保険の未加入が目立つことが明らかにされている（朝倉，2017：105）．これに対して2014年の浜松市調査の分析では，健康保険，年金加入が進んでいることも指摘され（渡戸ほか編，2017：125），愛知県の調査でも，2009年から2016年にかけて職場の健康保険加入，厚生年金加入が倍近く増加している（愛知県県民生活部社会活動推進課多文化共生推進室編，2017）（表5-1）．しかし，それでもなお，無保険，無年金の割合が半数近く存在する実態には変わりがない．

　こうした健康保険や年金の未加入に対しては，加入していなかった個人の責任を問うことにつながりがちである．しかし，南米系住民の雇用において，健康保険，年金の使用者側の不払いが常態化していたことに注意が必要である（丹野，2013：221-2）．労働者としての外国籍住民に対する雇用者側の問題として見るべき点があることを確認しておきたい．

　もう一点，未加入の問題とともに，加入していたとしても，医療や社会保障制度につながらない，さまざまなサービスに届いていないという問題がある．実際，団地に暮らす外国籍住民からの聞き取りでは，医療に関する情報などが不足し，サービスにつながっていないことが確認された．医療などを含めてさまざまな情報を周知できるのが地域コミュニティの役割のひとつであるが，九番団地では，すでに自治会は解散していて，いわゆる地縁組織にあたるものはなかった．

表5-1　健康保険，年金加入
（ブラジル人）（%）

年	2009	2016
職場の健康保険	28.1	56.1
市町村の国民健康保険	42.9	21.3
職場の厚生年金	27.0	45.5
市町村の国民年金	5.1	8.4

出所：『愛知県外国人アンケート調査』各年度版より作成．

　こうした課題に対して，九番団地を拠点とした外国籍住民支援の団体である，NPO法人まなびや＠KYUBANが[2]，2020年度のコロナ禍のなかで，新たなコミュニティ実践を展開した．医療関係を中心にさまざま情報が届いていないこと，そして何よりも孤独・孤立への対策として，屋外での健康相談を実施し，食料の配布も行う．その機会に，労働や定額給付金の相談を受けるという取り組みである．コロナ禍で対面でのつながりが困難な状況のなかでも，いかに，つながりを確保するコミュニティ実践が可能かを考えるなかで工夫された「方法」である．ここで注目したいのは，外国籍住民の健康を無料でチェックするという，孤独死の事例からも浮かび上がってきた切実なニーズにこたえつつ，それを解決するコミュニティ実践として，定期的なつながりを築くことを目指している点だ．これまで，九番団地においても外国籍住民の間のネットワークはあったが，定期的なつながりの場の不在が問題となり，孤独・孤立防止の必要性が問われたためである．健康に関する相談を受けつつ，コロナ禍で生じた失業などの経済的な問題，定額給付金，ワクチンに関する問題，健康にかかわる問題など，さまざまな相談に対応しつつ，定期的なネットワークづくりを目指す意義深いコミュニティ実践につながっている．

3　孤独・孤立をめぐる問題

　次に，孤独死の前提となった，孤独・孤立の問題について検討したい．そもそも，孤独・孤立とは何かという点については，有名なタウンゼントの定義がある．社会的に孤立しているということは，家族やコミュニティとほとんど接触がないという客観的な状況を示すものであり，孤独は，仲間づきあいの欠如，喪失による好ましくない感じという主観的な概念である（タウンゼント，1974：227）．孤立と孤独の間には強い相関はあるものの，孤立状況の人が孤独を感じない場合もあるように，必ずしも一致しない（タウンゼント，1974：235-7）．こうした孤独・孤立をめぐる問題については，都市社会学を中心に多くの研究が積み重ねられてきた．ワース（2011）の古典的研究を含め，都市化が個人の親密な関係を低下させ，孤立，孤独感を生み出すことが指摘されてきたのである（赤枝，2015）．

　ここでは特に，日本における高齢者をめぐる孤独・孤立に関する問題を見ていこう．『高齢社会白書』では，2010年から「孤立」がトピックとなり（斉藤，2018），社会的関心が高まることとなった．実態調査も次々と報告され，直近の『令和3年版高齢社会白書』では，60歳以上の人で，家族以外の人で相談し合ったり，世話をし合ったりする親しい友人が「いずれもいない」と回答した割合は，日本が最も多く31.3％となっている（内閣府編，2021）．高齢者の孤独・孤立が「社会問題」として構築されてきたのだ（呉，2021）．

　ここで確認しておくべきは，高齢者の孤独・孤立の背景に貧困の問題がある点だ．高齢者の貧困は，単身世帯を筆頭とする高齢者世帯の相対的な貧困化（奥山，2009：209）や，東京都港区の一人暮らし高齢者の約3割が年収150万未満という厳しい実態調査の結果（河合，2009）などによって，その経済的貧困状況が明らかにされてきた．しかし，近年の議論では経済的貧困よりもむしろ，家族・親族，地縁関係の希薄化に見られる「関係性の貧困」が強調されることに特徴がある．これは，高齢者の貧困に限らず，家族（血縁），地域（地縁），職場（社縁）などあらゆる関係が失われた「無縁社会」（NHK「無縁社会プロジェクト」取材班編著，2010）に象徴される，「貧困」を関係性からとらえる流れである．この動きはさらに加速し，2011年3月11日の東日本大震災以降，「つながり」，「絆」に対して強い関心が向けられるようになった．経済的貧困に対する，「関係性の貧困」が焦点化されているのだ．景気悪化や雇用の流動化に伴う経済的な貧困状況などさまざまな原因がある中で，主要な社会問題の原因，そして解決策として「絆」や「縁」，すなわちネットワークや，地域コミュニティの力への注目が高まることとなる．こうした動きの中で，地域コミュニティは，関係性の問題として論じられる社会的孤立への対応だけでなく，今後の社会的課題に対する幅広い期待が寄せられるようになった（広井，2010）．

　こうした孤独・孤立に関する問題についてどのように考えていくべきか．詳細な実証分析と理論的考察をもとにした石田光規（2018）の議論から見ていこう．孤独・孤立は，家族の衰退，孤立死の増加などのデータによってその実態が示されるものだが，石田の議論が興味深いのは，客観的なデータで表される孤立だけでなく，「多くの人がつながりに対して漠然とした不安を抱く社会」である「孤立不安社会」における人びとの意識・行動レベルを焦点化している

点にある．孤立に対する漠然とした不安が生じる要因を，人間関係の維持・構築において，「共同体的関係」から，個人の自由な選択に委ねられる「選択的関係」が支配的になったプロセスに求める．ここからは，個人の自由な選択という個人レベルの問題としてではなく，社会関係を規定する構造変動からとらえる社会レベルの視点を重視するものだ．

　そしてこれは，孤独・孤立問題の極限とも言える孤独死問題に対しても，重要な視点を提供するものとなっている．6章で検討するが，援助拒否や孤立の自己決定をどのように評価するかという問題，具体的には，孤立を自ら選択する者に対しての介入がどのように正当化されるのかという問題を考える上で有効な視点となっている．はたして孤立は孤立者が自ら選び取ったものなのか．この点に関する石田の主張は明確である．孤立を自己決定による援助拒否とする認識が，特定の属性を持つ人びとの社会的排除につながる危険があることを示し，孤立を自己の選択とする見方に警鐘をならすのだ．たとえば，血縁，地縁からはなれて「ひとり」で生きることを選択する，いわゆる「おひとりさま」（上野，2007）の提唱，孤立を積極的に評価する「孤立推奨言説」についても疑問を投げかける．ひとりでいることを選択する，その選択自体は何ら否定すべきもの，「問題」とすべきものではない．また，都市の「ひとり空間」は決して病理的な現象ではなく「正常」なものであることは確認しておくべきだ（南後，2018）．しかし，その場合でも，「おひとりさま」でいるための選択可能な関係によるセーフティネットが推奨されているように，単純に孤立することが主張されているわけではない．「おひとりさま」言説には自分で選択できない人の問題，友人のネットワークがないと成り立たないという矛盾した問題が横たわっていることに注意が必要である（山根・山下，2011）．石田（2018）は，「おひとりさま」言説に象徴されるような，孤立を積極的に評価する「孤立推奨言説」を退け，孤独・孤立を自己責任として片づけてしまうのではなく，社会的課題として取り組むことの根拠を提示するのだ．

▎4　男性の孤立

　もうひとつ，孤独・孤立のジェンダー的差異についても確認しておこう．コ

ロナ禍において注目を集めたのが，これまで低下傾向にあった自殺者数の増加，特に女性の自殺者の増加である．2020年8～10月にかけて，前年同月比で40～80％の増加が見られた．2020年の女性の自殺者増加は，1998年以降の特徴とされてきた中高年男性の多さとは大きく異なっているのだ（阪本，2021）．こうした傾向が見られたのは事実ではあるが，これまで一貫して注意が向けられてきたのは，女性ではなく，男性の孤独・孤立だった．

　孤独・孤立に対して，どのような対応が必要となるのか．地域コミュニティや地域福祉の取り組みにかかわる者に対しては，社会関係の変化をめぐる根拠に基づく説明と，ネットワークの創出可能性といった実践的な方法が求められている．この課題に対する重要なポイントとして浮上しているのが，ジェンダー的な格差であり，男性の孤立である．冒頭の例に見たケースは男性のものだったが，男性の孤立は多くの研究で指摘されてきた．実際，地域福祉を中心とした現場では，地域コミュニティに参加していない，孤立していることをめぐる課題として，「男性」の参加による孤立防止が語られることが多くなっている．

　近年の孤立をめぐる社会問題化の状況について見ていくと，特に男性の孤立状況が社会問題として焦点化されていることがわかる．独居の高齢男性の急激な増加が予想され，独居と男性が，高齢者の社会的孤立の二大要因と位置づけられているのだ（田髙，2020：4）．出版された書籍を見ても，『男おひとりさま道』（上野，2009），『男性という孤独な存在』（橘木，2018）のように，男性，特に高齢男性の孤独・孤立状況に注目が集まっている．

　では，こうした男性の孤立はどのような形で認められるのか．まずは，その極限的な状況とも言える，孤独死について見ていこう．孤独死が社会的に注目を集めるきっかけとなった阪神淡路大震災後においても，① 一人暮らし無職の男性，② 慢性の疾患を持病としている，③ 年収100万円前後の低所得者に多く見られるというように，男性の多さが指摘されていた（額田，2013：83）．2000年代に再び大規模団地での孤独死が注目を浴び，厚生労働省による「孤立死」防止の取り組みが打ち出された際にも，男性が女性に比べて孤独死に至りやすいことが指摘されてきた（NHKスペシャル取材班・佐々木，2007）．東京都の「異常死」調査でも，男性の方が女性よりも2倍近く多く，特に40～69歳の男性単身群で死亡数が突出する傾向が明らかにされている（金湧ほか，2010）．このよ

うな傾向は近年の孤独死に関する調査でも明らかになっている（田高，2020：5）。
2019年の大阪市調査では，「自宅で遺体が発見され，かつ死亡から4日以上経過している」孤独死が計1101人に上り，そのうち約8割に当たる871人が独居の男性である[3]。東京都監察医務院による2018年の孤独死調査でも，約7割が男性であることが明らかにされている[4]。

　こうした独居高齢男性の孤立状況への関心は，日本の孤独死対策が進む2000年代から各種統計で示されることによって，徐々に認識されるようになっていく。国の孤独死対策の根拠となった，2008年実施の『高齢者の生活実態に関する調査』では，「男性の一人暮らし」で，「会話の頻度」が「2-3日に1回以下」という割合が41.2％，「困ったときに頼れる人がいない」が24.4％，そして「近所との付き合い方」について21.6％が「ほとんど付き合いはない」となっている（内閣府編，2010：52-5）。最近の調査でも，国立社会保障・人口問題研究所が2017年に実施した『生活と支え合いに関する調査』では，単独高齢男性の会話頻度が低く，2週間に1回以下となる者の割合が14.8％である。単独高齢女性の会話頻度が2週間に1回以下の割合が5.4％であることと比較して，顕著に低い[5]。

　孤独死に限らず，これまでも多くの社会調査で男性の孤立が指摘されている。孤立に関する国内外の研究をレヴューした斉藤雅茂は，どのような人びとが孤立しやすいのかという点に関して，男性高齢者が孤立しやすいことを確認している（斉藤，2018：87-9）。孤立に関する既存データの分析からも，実態として，男性がターゲット化されていること（小谷，2017），男性独居のリスクが高いこと（藤原，2017）が指摘されている。

　こうした男性の孤立について実証研究を積み重ねてきたのが，パーソナル・ネットワーク論の領域である。無縁社会，孤立社会の動きを前提にして，地域福祉領域を中心に，孤立解消の取り組みが進められているが，パーソナル・ネットワーク論の近年の成果では，議論の前提となるエビデンスを明確に示している。原田謙は，男性の方が親族，隣人，友人からの受領的サポートが少なく，女性よりもストレスの処方箋として他者に助けを求めることに抵抗感が高いことを明らかにしている（原田，2017：92）。石田（2011）は，日本版JGss2003データを用いた分析から，男性の孤立・孤独傾向を詳細に描き出している。既存の

研究では，男性の方が女性よりもサポートを受けやすいとしてきたが，男性の情緒的サポートの源は配偶者に集中し，そこから男性のリスクが生み出されるとする．石黒編著（2018）では，1993年と2014年の 2 つの時期における朝霞市調査，山形市調査の時系列比較分析を行っている．近距離友人数が維持されている高齢男性と比較して，若年男性の友人関係が地理的に拡大し，遠距離友人数の増加と近距離友人数の大幅な減少による孤立率の増大が見られる点に注意を促す．ここから，文脈依存的な関係が弱体化し，一部の者だけが選択的な社会関係で代替するという，社会関係のリスク化を指摘する．また，男女ともに義理の親との交流の縮小傾向が見いだされるものの，男性の場合は自分の親との関係も縮小させた一方で，女性は自分の親との関係が密になる方向にシフトしていることが指摘される．こうして，特に男性において，社会関係の個人化と縮小が認められ，男性のソーシャル・サポートをめぐる悲観的な将来像が示唆される（石黒編著，2018）．

　では，なぜ，男性が女性に比べて孤立が多く認められるのだろうか．この点について石田は，生涯未婚率のジェンダー格差，男性が関係的資源に恵まれない原因は性別役割分業システム，すなわち男性に，競争社会＝企業で勝ち抜く強さを求め，弱さの表出，援助の表明といった手段を奪い，孤立のリスクを高める点にあるとする（石田，2018：100）．ここからは，男性の孤立を防ぐための新たな社会参加の方法がいかにして可能となるか，地域コミュニティのあり方が課題となっている点が見えてくる．

5　孤独・孤立をターゲットとした政策とその問題

　さて，このような孤独・孤立に対しては，国レベルでの取り組みが進められていることが注目される．日本では2021年 2 月に「孤独・孤立対策担当大臣」が設置されることとなり，孤独対策を政策として進めていくことが決まったが，これは，世界で 2 番目の取り組みである．世界初の孤独・孤立対策の政策化は，2018年 1 月にイギリスに設置された「孤独担当大臣」（Minister for loneliness）の設置である．

　イギリスで孤独・孤立に対する政策がとられたのは，イギリスのEU離脱を

めぐる議論が過熱した最中の2016年に殺害されたジョー・コックス議員が主催した「孤独委員会」によって，2017年に提出された調査報告書が大きなインパクトを与えたことによる．この報告書では，イギリスの65歳以上の約4割，約390万人が「テレビが一番の友だち」とし，900万人以上の人びとが常に，もしくはしばしば「孤独」を感じており，その3分の2が「生きづらさ」を訴えていること，月に1度も友人や家族と会話をしないという高齢者（全65万人）の人口は20万人，週に1度では36万人となる．身体障害者の4人に1人は日常的に「孤独」を感じ，子どもを持つ親たちの4分の1が常に，もしくは，しばしば「孤独」を感じていることが明らかにされた．そして，400万人以上の子どもたちが「孤独」を訴え，チャイルドライン（相談窓口）の支援を受けたという．こうして，「孤独は若者も高齢者も差別せずに苦しめる」として，孤独に対する国レベルでの取り組みが必要という認識が高まった．初代の孤独担当大臣トレイシー・クラウチが，その就任のインタビューで日本語の"Kodokushi"を使ったことも話題をよんだ．

日本ではイギリスに次いで，2021年2月に孤独・孤立対策担当大臣を新設し「孤独・孤立対策室」を設置する運びとなる．その背景には，「孤立社会」，「無縁社会」などさまざまな言葉で語られるネットワークの縮小傾向が，広範な領域で高い関心を引き付けたことがある．そして，孤独・孤立を地域コミュニティで解決することが，地域福祉分野の政策的議論の前提とされるようになったのである．この点について地域福祉政策の動向から具体的に見ておこう．

振り返ってみると，日本の福祉政策に大きな影響を及ぼした1979年の「日本型福祉社会」において，「個人の自助努力と家庭や近隣・地域社会等の連帯を基礎」とすることが謳われた．家族の力だけでなく，近隣・地域社会としての地域コミュニティへの期待が語られている．1章でみたように，その後も地域コミュニティを重視する政策が続き，現時点での厚生労働省の地域福祉政策の柱として打ち出されている「地域共生社会」の理念にも引き継がれている．ここでは，高齢化や人口減少が進み，地域・家庭・職場という人びとの生活領域における支え合いの基盤が弱まっていることが前提とされ，互助的な支え合いをベースにした地域社会関係の創出が謳われている．地域社会における孤立の増大と地域コミュニティによる解決が焦点化されていることがわかる．孤立や

防災などに限らず，地域福祉分野を中心とした多くの生活課題を，地域住民の参加によって解決する力を高めることが要請され，これに対応する地域コミュニティのしくみづくりが求められている状況である．孤独・孤立対策も，こうした地域福祉政策の一環として進められている．

　このように，厚生労働省は，今後の地域福祉の柱として，「地域住民や地域の多様な主体が『我が事』として参画し，人と人，人と資源が世代や分野を超えて『丸ごと』つながることで，住民一人ひとりの暮らしと生きがい，地域をともに創っていく社会」である「地域共生社会」を提起しているわけだが，その具体的な内容としては，① 他人事を「我が事」に変えていくような働きかけをする機能，②「複合課題丸ごと」「世帯丸ごと」「とりあえず丸ごと」受け止める場，そして③ 市町村における包括的な相談支援体制の 3 つが挙げられている（地域力強化検討会編, 2017）．こうした地域コミュニティへの期待は，地域の強みを生かしつつ地域で解決する力を，地域の共同性を基盤にしながら，さらなる組織化によって発展させることを求めるものである．現代社会のさまざまな問題に対して，地域の強み，すなわち，地域で暮らす人びとが築き上げてきた共同性の強みをどのように発展させていくかが課題とされている． 7 章で見ていくように，縮小社会化が進むなかで，地域社会の孤立を解消し，「つながり」，地域コミュニティが重視されるのは，都市，農山漁村を問わず，すべての地域で認められるものだ．これは， 8 章で検討する愛知県長久手市のように，全国有数の人口増加を見せる地域でも例外ではない（加藤・松宮, 2020）．長久手市では，人口増にもかかわらず，将来の人口減を見越した地域再編の取り組みが行われている．福祉政策としての「地域共生社会」推進を活用する形で地域コミュニティ形成を行う取り組みである．人口減少や，財政難などが深刻化していないとはいえ，2035年をピークとして人口が減少し，高齢化が進み多額の予算が必要となるなかで，（想定される）予算減，それを「地域参加」の必要性というロジックにより，地域コミュニティ形成を促す自治体のコミュニティ政策が進められているのだ（加藤・松宮, 2020）．

　こうした「地域共生社会」推進による地域政策は，「地域福祉の主流化」（武川, 2006）の流れのもと，地域福祉からのコミュニティ政策の推進と位置付けることができる．こうしたなかで「地域共生社会」推進による地域コミュニティ形

成に対する期待が集まっている．このような動きを評価する議論はいくつかあるが，代表的なものが，福祉コミュニティ実現のための法制度化に対する位置づけとするものである（和田，2018：14-5）．和田は，2017年の社会福祉法改正に伴う「地域共生社会」の持つ意味と，①「人」と「人」との基本的結びつき，② 地域生活の新しい「質」を含み，「さまざまな意味での異質・多様性を認め合って，相互に折り合いながら，自覚的に洗練された新しい共同生活の規範，様式」としての「福祉コミュニティ」の構想との間に共通性を見ている（和田，2018：169-70）．

　このような評価の一方で，「地域共生社会」推進による地域コミュニティ推進の政策に対する疑念も提起されている．そもそも「地域包括ケア」推進をめぐる議論において「社会的負担・コスト」が後退することの問題が指摘されていた（天田，2018）．その発展版ともいえる「地域共生社会」推進においても，参画可能な住民層の限界を無視して危機感，道徳的に訴えること（松端，2018：154-5）や，「住民の安易なコミュニティサービスとしての資源化や動員につながりかねない」，「家族に代わる地域の過剰期待を伴った社会経済政策の枠組みを越えることがない」といった批判がある（藤井，2018）．これらは，地域住民の主体性，地域コミュニティに課題解決の責任を負わせるあり方への批判と考えられる．

　さて，こうした「地域共生社会」推進のカギとなるのは，地域社会での「つながり」である．つまり，地域コミュニティの自治的な基盤，ソーシャル・キャピタルとしての機能が重視されるわけだが，実態としては，その対極とみられる孤立，孤独の増加が明らかになっている（石田，2018）．これまでの研究から，孤立は，健康への被害をもたらし，その逆に，豊富な地域的なつながりは，防犯への効果があるとされている（高木，2021：69）．こうした点を根拠に，孤独・孤立に対する危機意識をバネに地域コミュニティの再生が目指されていることにも注意が必要だ．地域コミュニティがなければ孤独・孤立が生じるという，危機意識をあおる言説によって，その再生が目指されることになる．孤立と孤独に関する関心の高まりと社会問題化は，「孤立化」の危機を根拠に，地域コミュニティの強化を進めていくコミュニティ政策構築プロセスとみることができるだろう（梅田，2011；呉，2017）．その象徴的な存在が，次に見る孤独死をめぐる

問題である.

▌ 6　孤独死という問題

　自宅で一人誰にも看取られないまま亡くなり，誰にも気づかれずに数日が過ぎた後に発見される．通常イメージされる孤独死はこのようなものだが，実際はその概念について明確な定義が存在しているわけではない．① 誰にも看取られず死亡し，② 生前の孤立状況が推測される死について，「孤独死」とする．阪神淡路大震災以降注目を集めた「孤独死」問題と，主に厚生労働省や自治体の取り組みの際に用いられる「孤立死」という 2 つの使われ方がある．先に見たように，「孤立」は客観的な状況を示す概念として，「孤独」は主観的な意味に対応させて使い分けられることが多く（石田，2011），タウンゼントによる「家族やコミュニティとほとんど接触がない」客観的状況を示す「社会的孤立」と，「仲間づきあいの欠如にともなう好ましくない感情をもつ」という主観的な意味に対応する「孤独」の使い分け（河合，2009：21- 2）にも重要な意味がある．また，生前の孤立状況などの社会関係や，死後の発見日数をどの程度とるのか，自殺を含めるか自殺に関しては既存の統計データが存在し，特定の対策もあることから「孤独死」に含めないとする見解もある（上田ほか，2010：115）．このように，「孤独死」をめぐっては定義が定まっていないが，ここでは「誰にも看取られず死亡し，死後数日（から数カ月）経って発見される死」（黒岩，2007：119-20）という定義にしたがい，「孤独死」とすることにしたい.

　さて，孤独死は近年社会問題化しているとはいうものの，全国レベルの統計データは存在していない．実際，全国の市町村生活保護課を対象とした調査では，約 7 割の自治体で孤立死事例の情報収集は行われていないという（(株)ニッセイ基礎研究所編，2011）．そのため，正確な全体動向については把握できないものの，これまでの孤独死に関するレヴューからは，全体的な増加傾向が指摘され（上田ほか，2010），いくつか問題状況を推測する上で有益なデータが存在する（内閣府編，2010：57- 8）．そのひとつが，東京都監察医務院によるデータである．これは，1984年に開始された国内では先駆的な孤独死の実態調査である．このデータによると，東京都23区内における65歳以上の一人暮らし高齢者の自

宅での死亡者数が，2002年の1364人から2008年は2211人と1.6倍に増加している．もうひとつのデータは，独立行政法人都市再生機構によるもので，運営管理する賃貸住宅約76万戸で，単身の居住者が誰にも看取られることなく住宅内で死亡したケースが，1999年度の発生件数207人から2008年度には613人と急増していることが明らかにされている．さらに，1987年から2006年までの東京都区部での独居者が誰にも看取られず死亡する，死後暫くしてから発見される，医師法第21条に基づく「異常死」の分析では，年々その数が増加していることが明らかにされている（金湧ほか，2010）．その後の諸データの分析からも孤独死の増加が確認されている（石田，2018）ように，趨勢としては増加傾向とみて間違いない．

7 孤独死対策の取り組みとコミュニティ実践

こうした高齢者の「関係性の貧困」の極限的な形態として，自宅で一人誰にも看取られないまま亡くなり，誰にも気づかれずに発見される孤独死問題があり，その対策として，つながりの構築，地域コミュニティ形成への期待が語られる（NHKスペシャル取材班・佐々木，2007）．ここでは，地域コミュニティの弱体化→「関係性の貧困」という問題の要因の特定と，その対策として地域コミュニティの強化→孤立の防止という，ある意味で単純なモデルが想定されている．こうしたモデルは政策レベルでも採用され，2010年7月に実施された全国自治体調査では，特に大都市圏ほど「コミュニティのつながりの希薄化や孤独」が優先度の高い課題となっている（広井，2011：112）ことにも示されているように，多様なレベルで広く展開される動きとなっているようだ．

さて，表5-2に示した孤独死問題の歴史をたどってみると，1970年代にはすでに社会福祉協議会，民生委員による「孤独死老人ゼロ運動」があり，「孤独死」という言葉自体は1970年代から一般的に使われはじめていたという（小辻・小林，2011）．1974年には全国の民生委員と社協の共同運動として全国的推進がなされていたが，「寝たきり高齢者問題」，「一人暮らし高齢者問題」というカテゴリーが用いられるようになり，「孤独死」というカテゴリーは下火になる（黒岩，2000）．その後，再度注目を集めたのは，1990年代後半に主として

表 5-2　孤独死関連年表

年	事項
1969	全民児協「独居老人世帯の実態調査」
1973	全民児協「孤独死老人追跡調査」
1974	「孤独死老人ゼロ運動」
1995	阪神淡路大震災→仮設住宅での孤独死問題
1997	『孤独死いのちの保障なき社会福祉の縮図―仮設住宅における壮年層の暮らしと健康の実態調査報告書』
2000	『社会的な援護を要する人々に対する社会福祉のあり方に関する検討会』報告書→「孤独死」の記載
2003	UR都市機構→「あんしん登録カード」
2005	NHKスペシャル「ひとり団地の一室で」放映
2006	『東京新聞』→特集「孤独死を追う」
	北九州市孤独死事件（2005～2007年）
2007	厚生労働省→孤立死防止推進事業（孤立死ゼロ・プロジェクト）
	「これからの地域福祉のあり方に関する研究会」発足
	全民児連「地域社会での孤立・孤独をなくす運動」
2008	「これからの地域福祉のあり方に関する研究会」→『地域における「新たな支え合い」を求めて』
	厚生労働省『高齢者等が一人でも安心して暮らせるコミュニティづくり推進会議（「孤独死」ゼロを目指して）―報告書―』
2010	NPO法人孤独ゼロ研究会発足
	NHKスペシャルにおいて「無縁社会～ "無縁死" ３万２千人の衝撃～」放映
2017	「ジョー・コックス委員会」調査報告
2018	イギリス「孤独担当大臣」設置
2021	「孤独・孤立対策担当大臣」新設、「孤立・孤独対策室」設置

　仮設住宅で暮らす阪神淡路大震災被災者の間で「孤独死」が広がっていることが衝撃とともに報告されたことによる．ここで注目したいのは，「《孤独死》という死にざまにいたる人たちの生命の脆さ，その背景にある彼らの生活基盤の危うさ」と，「その人たちの生きざまは，大震災によって仮設住宅地にあぶりだされた特殊な現実ではない」（額田，2013）とする認識である．つまり，震災後という特殊な状況に限らず，広く社会全般に「孤独死」が生じる可能性が提起され，「孤独死」の考察を通じて，社会的に潜在していた貧困層の所在を探

り当てることになったのである（西澤，2010：38）．

　以上の点を孤独死対策において重視されたポイントから考えてみよう．1960
年代後半から「孤独死」に関する報道が多くなっていたが，単に報道されてい
ただけではなく，1960年代には，社会福祉協議会，民生委員による「孤独死老
人ゼロ運動」があった．そして1973年には，全社協による「孤独死老人ゼロ運
動」が実施されている（黒岩，2000：143）．こうした動きの背後には，「孤独死」
を「社会問題」として構築することにより，コミュニティ・ケアへと結びつけ
るという意図があったとされる．このように孤独死問題，「社会問題」として
構築されてきたものと見ることもできるかもしれない．なぜなら，1960年代，
1970年代の運動と同じように，現象自体が増えているというよりも，社会的注
目の高まり，そして地域コミュニティの再生という政策的意図が背景に存在す
るからだ．

　こうした問題の構築は，当然のことながら孤独死対策のあり方を規定する．
1970年代には行政，社会福祉協議会，民生委員を中心とした福祉サービスの充
実につなげられ，1990年代の阪神淡路大震災や，2005〜2007年に立て続けに発
生した，生活保護の受給がなされず餓死したケースが明らかになった北九州市
孤独死問題においても，福祉サービスの充実や経済的貧困に対する公的セーフ
ティネット構築が考えられていた．しかしその後，2005年9月24日に放映され
たドキュメンタリー・NHKスペシャル『ひとり団地の一室で』により，社会
的な注目を集めた千葉県松戸市常盤平団地の取り組みが紹介されて以降，大き
な変化が認められるようになったと思われる．ここでは，経済的貧困の視点が
薄まるとともに，「関係性の貧困」がクローズアップされ，「関係性の再構築」
が重視される傾向が強くなったのである．

　具体的に政策レベルで見ていくと，2007年からは厚生労働省が孤立死防止推
進事業（孤立死ゼロ・プロジェクト）を1億7000万円の予算で，全国78カ所のモデ
ル自治体でスタートさせた．その中身は，実態把握，普及啓発とともに，安否
確認システム，緊急通報システム，サロン等集いの場，ネットワーク構築，相
談事業などであり，つながりや，地域コミュニティの強化にウェイトがおかれ
た施策が中心となっていることがわかる．2008年に出された厚生労働省による
「高齢者等が1人でも安心して暮らせる推進会議」の報告書でも，孤独死対策

としては，住民によるコミュニティ活動の活性化が最も重視されており（河合，2009：311），公的サービスの縮小と地域コミュニティ強化へと対策の中心が移行している状況を確認することができる．2008年の「地域福祉活性化事業」，2009年の「安心生活創造事業」，2011年の「地域支え合い体制づくり事業」などの孤独死対策は，「コミュニティ問題」という枠組みの中で扱われる傾向を見せるようになった（呉，2021:18）．ここからは，公的な支援よりも，地域コミュニティレベルの解決が強く求められている状況を見て取ることができる．

8　孤独死に向き合う

　一般に孤独死という問題については，死後数カ月後に発見されるというセンセーショナルな現象面に注目が集まりがちである．しかし，注意してこの問題を見てみると，死の部分ではなく，むしろ死に至る孤立などの社会関係の問題，すなわち家族・親族・友人・地域から孤立し，さまざまな福祉サービスから取り残されるという問題が背後に隠されていることがわかる．高齢者の孤立状況について確認しておくと，「国民生活基礎調査」によると，2018年には，65歳以上の構成員がいる世帯の18.5％と2割弱が「単独世帯」であることが明らかにされている[8)]．つまり，家族関係から孤立している層が一定数見られることを示しており，その比率は今後も高まっていることが予想されている．孤独死が一定数，人口比に応じた形で起こりうることは，ある意味で自明なものである．

　こうした中で，どのような対策が試みられているのか．孤独死をめぐる対策としては，高齢者対応の公営住宅における生活援助員である，ライフ・サポート・アドバイザー（LSA）という専門職による対応も進みつつある（黒岩，2007）．これは介護保険法に定められている地域支援事業のなかでも，市町村が地域の実情に応じて実施する任意事業のひとつであるが，財源の問題などでその普及は一部にとどまっている．そのため，既存の資源を有効活用，応用するさまざまな工夫によって進めているというのが現状だ．ここでは孤独死に対する取り組みを，自助・互助・共助・公助・商助（市場サービスを利用した支援）という分類にしたがって整理しておきたい．

　まず自助としては緊急通報システムの利用がある．互助・共助としては近隣

住民，町内会・自治会の見守り活動，商助としては，配食サービス，乳酸菌飲料配達時の見守り事業が挙げられる．こうした活動をまとめるのが行政による公助の取り組みである．国としては，2007年度に「孤立死防止推進事業」として約1億7000万円の予算化がされ，連絡相談窓口設置・緊急通報体制の整備，広報活動，事例収集・要因分析，地域支援ネットワークの整備など積極的な取り組みを進めている．地方自治体レベルでは，本書で取り上げる愛知県の場合，「高齢者見守り体制整備推進事業」が実施されている．その中身は緊急通報体制事業，見守り訪問員による訪問，友愛訪問，シルバーハウジング生活援助員派遣事業などの見守り訪問事業，配食サービス事業，乳酸菌飲料事業，安否確認を行う福祉電話事業などであり，こうした事業が公助という枠組みの中でまとめられている形だ．

　しかし，公助の取り組みには財政的な問題も含め，さまざまな限界も指摘されている．全国の市町村生活保護課を対象とした調査では，孤立死に対する直接的対応については「実施」26%，「検討中」20%，「検討していない」52%という実態があることに注意しなくてはならない（（株）ニッセイ基礎研究所編，2011）．実際，愛知県の自治体でも2009年度から2010年度にかけて災害時要援護者登録制度以外のほとんどの高齢者見守り事業が減少している．

　こうした状況の中で，医療機関との連携による「一人暮らし見守りシステム」や，民間マンションの自治会の取り組み，NPOによる取り組み（NHKスペシャル取材班・佐々木，2007）が進みつつあるが，中心となるのは互助・共助の取り組みである．孤独死対策としては，住民によるコミュニティ活動の活性化が最も重視されていると言えよう（河合，2009：311）．

　このような孤独死対策の取り組みの中で，最も実績を挙げ，全国の孤独死対策のモデルとなっているのが千葉県松戸市常盤平団地での「孤独死ゼロ作戦」である（中沢・淑徳大学孤独死研究会共編，2008）．常盤平団地では，団地内の「孤独死」が問題になりはじめた2002年から，「孤独死ゼロ」を目標に，団地社協（地区社協）・民生委員・自治会のトライアングル体制の協働によって取り組みを進めている．このトライアングル体制とは，それぞれの役員を兼務することにより組織間の連携を深める体制の構築である．こうした地域的な基盤づくりのもと，緊急時に関係者と連絡をとるために親族や近隣の友人・知人，かかりつけ

の医師等を記入してもらう「あんしん登録カード」の整備，自治会長と団地社協会長の自宅の電話番号を公開し，緊急時に通報できる「孤独死110番」という見守りのための連絡体制づくりが進められた．その上で，一回100円の利用料で，団地社協，自治会役員，ボランティアが 2 人以上の体制で対応する，高齢者の集いの場「いきいきサロン」の開設，さらには警察との協力関係，新聞販売店の配達時の見守り，鍵業者への協力要請，広報を通じた積極的な情報提供などの活動が進められている．2004年にはこうした取り組みを総合的に推進する「まつど孤立死予防センター」が開設され，孤独死予防に一定の成果を上げていることが報告されている（中沢・淑徳大学孤独死研究会共編，2008）[9]．

　もっとも，こうした動向に対して，関係性の強化や地域コミュニティの焦点化が，社会保障システムの機能不全といった構造的問題から目をそらさせ，社会的排除の問題を人間関係上の不安に落とし込むものとする批判もある（石田，2011：20-2）．また，近年のコミュニティ論の成果を踏まえた場合，「コミュニティの動員が住民の側での生活上の底知れない不安と深く響き合っている」（吉原，2011：38）ことへの危惧も指摘されるように，孤独死によって，過剰な不安を喚起することで地域コミュニティへの動員をはかることの問題も無視できないはずだ．その意味でも，つながりや地域コミュニティ強化を中心とした孤独死問題認識と対策のモデルが，問題の「認識」として妥当であり，「方法」としても十分であるのかという点から，今一度検討してみる必要があると言えよう．

　そこで，次章では「関係性の貧困」の極限的な現象として語られる孤独死対策の取り組みから見えてくる問題と，この問題に対して都市社会学を中心としたコミュニティ論がどのように貢献することが可能なのかを明らかにしたい．その際，孤独死という現象の何が問題であり，どのような要因によって生じるものなのか，「関係性の貧困」に対して地縁関係を中心とした地域コミュニティ強化が有効であるのか，有効ではないとしたらどのような対策のモデルを考えることができるか．これらの点について，愛知県愛西市におけるコミュニティ実践から考えてみたい．

注

1）https://www.nhk.or.jp/gendai/articles/4391/index.html（2021年9月30日確認）.

2）https://manabiyakyuban.wixsite.com/manabiya（2021年9月30日確認）.

3）http://www.pref.osaka.lg.jp/attach/36208/00000000/kodokushi2017.pdf（2021年9月30日確認）.

4）https://www.fukushihoken.metro.tokyo.lg.jp/smph/kansatsu/kodokushitoukei/kodokushitoukei30.html（2021年9月30日確認）.

5）http://www.ipss.go.jp/ss-seikatsu/j/2017/seikatsu2017.asp（2021年9月30日確認）.

6）https://www.ageuk.org.uk/globalassets/age-uk/documents/reports-and-publications/reports-and-briefings/active-communities/rb_dec17_jocox_commission_finalreport.pdf（2021年9月30日確認）.

7）https://time.com/5248016/tracey-crouch-uk-loneliness-minister/（2021年9月30日確認）.

8）https://www.mhlw.go.jp/toukei/saikin/hw/k-tyosa/k-tyosa18/dl/02.pdf（2021年9月30日確認）.

9）なお，森達也監督のオウム真理教（現アレフ）と住民との関係を描き出したドキュメンタリー映画『A 2 』（2001年）では，退去を求める住民集会に自治会長が登場する．

6 章

孤独死とコミュニティ実践

▌ 1　他の地域のやり方では難しい

　　すばらしい取り組みだけど，この地域では難しいね．
　　これはやりたいけど，正直，できない．
　　別のやり方があればいいが．

　2007年からスタートした愛知県愛西市の孤独死対策にかかわる検討を行う会議の冒頭,常盤平団地のコミュニティ実践にかかわるドキュメンタリー作品『ひとり団地の一室で』を視聴した後に，地域の関係者から出た言葉だ．

　コミュニティ実践の調査研究は，何らかの形で課題解決を実現できた実践モデルを基盤に，他の地域でも使えるモデルを組み立てようとすることが多くなる．いわゆる「成功事例」，「好事例」を探し求めようとするのだ．しかし，多くの地域では，そのような「好事例」を当てはめ，押し付けるように進めることに対して，強い違和感や反発が表明されることが多い．その地域ではできたとしても，ここでは難しい．条件が違う，人がいないといった理由が挙げられる．そのひとつひとつの理由は，まったく正当なものである．さまざまな地域で蓄積された「方法」を参考にしつつも，当該地域の文脈に即した課題解決の方法を模索する必要があるのだ．

　実質ゼロからスタートした愛西市の孤独死防止の取り組みであるが，そもそも，孤独死がどのように「問題」なのか，実は明確ではないことが明らかになった．当時の政策レベルでの問題認識（厚生労働省編，2008）を見ると，a 後始末,

遺族，近隣，管理人へのコスト・負担，b 地域に波風が立つ，行政への不信，住民相互の不信，円滑なコミュニティ運営に支障，c マンションなどの資産価値に影響といった点が指摘されている．これらはいずれも問題は地域にあるとし，対策としても公的サービスではなく地域コミュニティによる解決が期待されることになる．ここでは自治会・町内会を基盤とした近隣関係が重視されているわけだが，このような問題認識と解決策をどのように評価するべきなのだろうか．

たしかに，孤独死防止に向けた地域コミュニティ構築を肯定的に評価することには正当な理由があるのも事実である．孤独死問題は，地域コミュニティがなぜ必要なのかという問い（今野，2001：10-4）に対するひとつの明快なこたえを用意したと見ることができる．例を挙げると，コミュニティ論で著名な神戸市長田区真野地区でも，1976年から「一人暮らし老人」の「孤独死」が報道されたことをきっかけに，民生委員による「一人暮らし老人」の友愛訪問が開始され，その後の活発な地域コミュニティ形成に寄与した（今野，2001：106-7）．寝屋川市においても，「独り暮らし老人」の「孤独死」防止対策から，住民が主体となって自治会等との連携による地域づくり活動，自治体の施策化につながったことが報告されている（西村，2011：71-2）．また，仮設住宅の「孤独死」についても，「孤独死」問題がボランティア組織の中心的なミッションとなって活発な展開が進められた（三井，2008）．こうした動きは，他の地域でも認められるものであり，「孤独死」という課題設定が，地域コミュニティ形成・展開のための重要なシンボルとして機能してきたと見ることができる．こうした点を評価するならば，地域コミュニティ強化が孤独死対策につながることに積極的な意味を見いだすことができるはずだ．問題は，どのように地域コミュニティの問題を「認識」し，その地域コミュニティに即した，コミュニティ実践の「方法」を見いだすかである．

2　愛西市の事例から

本章でとり上げる愛西市は2005年4月に海部郡佐屋町，佐織町，立田村，八開村が合併して生まれた愛知県西部に位置する自治体であり，名古屋まで約20

km，私鉄で30分弱の通勤圏にある．1960年代から名古屋市のベッドタウンとして急速に発展したが，2008年から人口は減少傾向に転じ，2020年4月1日現在で6万829名である．このように，孤独死の多発地域として注目されてきたニュータウンや郊外の大規模団地とは状況が異なるが，高度経済成長期に作られた住宅団地を中心にその発生が目立つようになっていた．そのため愛知県内では3地域で実施された2007年度孤立死ゼロ・モデル事業のひとつとなったのである．

ここで筆者も委員として参加した2007年度「愛西市孤立死ゼロ・モデル事業」から見ていくことにしたい（松宮・新美・鷲野，2008）[1]．この事業を進めていく上で最初に考えなければならなかったのが，孤独死の実態把握である．しかし，先に述べたように，正確な統計データは存在していなかったため，「一人で亡くなっている状態を発見されたケース」について，市役所職員，民生委員，関連機関で聞き取り調査を実施することにした．そのため，網羅的なデータとはなっておらず，全体的な傾向を量的に把握することは困難なデータという制約を持つこととなったが，亡くなるまでの生活の状況や，経緯などを把握することができたことによって，後述するような愛西市独自の政策につなげることが可能となった．

筆者はこのモデル事業の策定委員会に委員長としてかかわり，一連の事業に参加することを通じて得られたデータを分析している（松宮・新美・鷲野，2008；鷲野・松宮，2012）．もっとも，ここでの調査の目的はあくまでも事業推進のための課題の整理，効果的な施策のための知見の抽出にあり，調査結果を愛西市の取り組みにフィードバックすることに限定していた．そのため必ずしも研究を目的とする調査ではなかったが，どのように問題が認識され，その結果がどのように事業につなげられたのかというプロセスを再検証することにより，上述の課題に対してアプローチすることにしたのである．

3　孤独死の事例を分析する

まずは愛西市での孤独死の実態調査の結果から見ていくことにしよう．この調査は「一人で亡くなっている状態が発見されたケース」（自殺は除く）について，

担当の愛西市職員と協働で，市役所職員，民生委員，その他関連機関で聞き取りを行ったものである．アクセス可能な関係者の聞き取りから把握されたデータのため漏れや詳細が不明な部分も多いという限界はあるが，孤独死の統計データが存在しない状況のもとでは最善の方法と考えた．この結果，1995年から2011年までの48件の事例を確認することができた（表6-1）．

表6-2はカテゴリーごとに分類したものである．

まず，性別，年齢については，男性が6割で，40代，50代は全て男性であるように，相対的に若いケースほど男性が多くなっていた．これはほとんどの先行研究で指摘されてきた傾向である．

発見場所は浴室が22.9％である．これまでの社会科学系の先行研究ではあまり指摘されてこなかったことではあるが，社会関係というよりも，むしろハード面のリスクとしてヒートショックが一定数あることが確認された．発見した人は家族，親族合わせて約3分の1で，近隣住民16.7％，民生委員10.4％となっている．経済状況については，生活保護受給者が6件（12.5％）で，うち5件が男性だった．サービス利用状況については，乳酸菌飲料宅配，配食サービス利用のケースは少なかったが，最も重要な機能を果たすことが期待された緊急通報システム利用者が27.1％と4分の1以上を占めていたのである．

以上の結果をまとめると，つながりがあっても，そして見守りのサービスの利用があっても，安否確認の仕組みが整っていない場合は機能しないということであり，これまでの地域コミュニティ強化を中心とした対策モデルの限界も見えてきたのである．こうした点について，1996～2007年まで民生委員を勤めたC氏を中心に，孤独死に多くかかわった市役所職員，民生委員からの聞き取り調査の結果とも突き合わせ，さらに詳細に検討した結果，以下の3点が重要な課題として浮かび上がってきた．

第1に，経済的貧困との関係については，これまで泉北ニュータウンにおける調査から，生活保護受給者の方が医療サービス・介護サービスにアクセスしやすく，逆に生活保護を受給していない生活弱者が「孤独死」のリスクが高いことが指摘されていた（新井，2010:21）．愛西市での調査からは，福祉センターを利用し，生活保護担当者が月1回程度訪問していたものの，発見されるまで死後1カ月程度かかったというケースもあれば，受給日に市役所に来なかった

表6-1 愛西市の孤独死事例の傾向

年度	性別	年齢	発見場所	発見者	死後	生活保護	緊急通報	乳酸菌飲料	配食
1995	男性	50後							
1998	男性	60後		近隣住民					
1998	男性	70後		民生委員	1日		○	○	
1999	女性	90前	寝室	親族					
1999	女性	80前	浴室	ヘルパー					○
2002	女性	80後	台所	近隣住民	6時間		○		
2003	女性	70後	寝室	親族	5日	○			
2003	男性	60前	居間	市役所職員	1カ月	○			
2004	男性	50後	寝室		1日目				
2004	男性	80前	浴室	民生委員	10日		○		
2004	男性	80前	浴室	家族					
2005	男性	50前	寝室	親族		○			
2006	女性	80前	浴室	親族			○	○	
2006	男性	70前	浴室	近隣住民				○	
2006	男性	60後	寝室	友人・知人	1週間	○			
2006	男性	80前	浴室	親族	1週間				
2006	女性	70後	浴室	家族					
2006	男性	60前	寝室	親族		○	○		○
2006	男性	70後		家族					
2006	女性	80前	浴室	親族	1日		○	○	
2006	女性	80後		ヘルパー			○	○	
2007	男性	70前	寝室	職場関係者	1日		○		
2007	女性	80前	トイレ				○		
2007	女性	80後	寝室	親族					
2007	男性	70前	居間	市役所職員	2日	○			
2007	女性	70後			1日				
2007	女性	60後		ヘルパー	1日				
2007	女性	80前	居間	近隣住民	1日		○	○	
2007	女性	70前	浴室	友人・知人	1日		○		
2007	男性	60前		家族					
2008	男性	40後	寝室	家族	2日				
2008	男性	70前	台所	民生委員					
2008	男性	80前	寝室	ヘルパー					
2008	男性	80前	浴室	近隣住民	2日				○
2009	男性	70後	居間	乳酸菌飲料配達員				○	
2009	男性	60前	居間	民生委員					
2009	男性	80前	浴室	家族			○		
2009	女性	90前	トイレ	友人・知人					
2009	女性	80前	台所	ケアマネジャー			○		○
2010	女性	80前		家族	4日				
2010	男性	80前		近隣住民	12時間				
2010	男性	60後		近隣住民	1週間				
2010	女性	70前	居間	新聞配達員					
2010	女性	70後		家族					
2010	女性	70前	玄関	家族					
2011	男性	50後	寝室	大家	4カ月				
2011	男性	60後	居間	近隣住民					
2011	男性	70前		民生委員					

表6-2　愛西市の孤独死事例の傾向

	カテゴリー	件数	%
性別	男性	29	60.4
	女性	19	39.6
年齢	40代	1	2.1
	50代	4	8.3
	60代	9	18.8
	70代	15	31.3
	80代	17	35.4
	90代	2	4.2
発見場所	浴室	11	22.9
発見した人	家族	9	18.8
	親族	8	16.7
	近隣住民	8	16.7
	民生委員	5	10.4
	ヘルパー	4	8.3
	市役所職員	2	4.2
	友人・知人	3	6.3
生活保護	受給者	6	12.5
サービス利用状況	緊急通報	13	27.1
	乳酸菌飲料	7	14.6
	配食サービス	4	8.3

　ため，親族が訪問して発見されたケースもあったように，一定の傾向を認めることは困難であった．しかし，生活保護受給が他の福祉サービスの利用を抑制し，孤立のリスクを高めるという点については確認することができた．
　第2に，社会関係についてみてみると，いわゆる完全な孤立は少ないことが明らかとなった．死後一日で発見されたケースでは，「近所に暮らす親族が毎日確認」，「出社しないことを不審に思った上司の訪問」，「娘が毎日訪問，発見」，「前日孫が訪問」，「隣の友人と毎日午前中福祉センターを利用」といった定期的な関係が認められたのは確かである．それに対して死後一週間程度で発見されたケースでも，「毎日宗教団体の集まりに参加」，「月に1～2回娘さんが通い，福祉センターにも毎日通う」，「息子の妻が定期的に訪問」というように，一定

の関係が保持されていたケースがほとんどだったのである．つまり，家族・親族による定期的訪問や，福祉サービスを定期的に利用している人が大部分であり，完全な孤立状況が孤独死をもたらすというイメージとは大きく異なる状況が見えてきた．逆につながりが保持されていることが，孤独死防止の絶対条件とはならないという現状が，取り組むべき新たな課題となったのである．

　第3に，さまざまなつながりや公的サービスを自ら拒否するいわゆる「援助拒否」や，孤立を選択する層も重要な課題となった．たとえば，「とても頑張り屋で，必要なことは知人にお金を渡して処理する」，「人との交流を持ちたがらない」，「近所との交流は持たない」，「乳酸菌飲料をとっていたが，いらないと言って，配達の女性の前で中身を飲まずに空けたりする」，「公的介護サービスの利用を自ら拒否」というケースが一定数存在することに注意する必要があるだろう．人との交流を持ちたがらない，近所づきあいはなく，世話になりたくないという層は，自治会，老人クラブなどには入らず，地域コミュニティへの包摂の困難がある．ここには，三井（2008：90-1）が指摘するように，孤立を選択した当事者の自己決定を尊重するままでいいのかという問題とともに，近隣の人びととの交流を求めても十分な効果が期待できないというジレンマも横たわっている．実際，孤独死問題の防止という観点からは，近隣住民による発見が16.7%であり，はたしてこのような地縁関係を強化することで予防はできたのか，さらに一定数存在する「援助拒否」層について，地域コミュニティの強化によって防ぐことができ，今後も効果を持つのか疑問も多く浮かび上がってきた．

4　救助されたケースの分析から

　こうした課題を事業化の指針として明確なものとするために，「救助されたケース」についても分析も行った．孤独死事例調査の中で把握できたもので，漏れがある可能性は否定できないものの，8件のケースを把握することができた（表6-3）．
　発見者はヘルパーが5件，乳酸菌飲料配達員が2件とサービス利用者が目立ち，近隣住民は0件であった．こうした救助の可能性から考えてみても，孤独

表6-3　救助されたケース

年度	性別	年齢	発見者	緊急通報	乳酸菌飲料	配食
2002	女性	80前	ヘルパー		○	
2003	女性	90後	乳酸菌飲料配達員		○	
2003	男性	60後	ヘルパー			
2005	男性	80前	乳酸菌飲料配達員		○	
2005	女性	80前	ヘルパー	○		○
2006	女性	80後	ヘルパー			
2006	男性	80前	家族			
2007	女性	80前	ヘルパー	○		

死を予防，回避できる条件としては，近隣関係ではなく，むしろ福祉サービス利用の重要性が浮かび上がってきたのである．

　以上の調査結果からは，孤独死対策として最も期待されるのが近隣関係を中心とした地域コミュニティの強化であるが，「孤立」している高齢者に対する地域コミュニティでの取り組みの困難が予想された．実際，市内で2000年代に入り4件の孤独死が発生していた地区における独居高齢者の生活実態調査からも，参加団体と合わせても3割近くが地域でのつながりをまったく持たず，今後の近所づきあいの希望も，「これまでと同程度」という現状維持の志向が4分の3近くを占めていた（松宮・新美・鷲野，2008）．ここからもその困難性が見えてくるだろう．

　次に，これらの調査結果から抽出された課題からどのように孤独死防止の事業につなげたのかを概観した上で，孤独死対策のオルタナティブについて考察を進めたい．

5　モデル地区の調査から浮かび上がってくるもの

　では，どのような孤独死対策が可能なのか．地域コミュニティによる取り組みを念頭におき，市内で孤独死の発生率が高い地域の分析を行った．愛西市で孤独死が多発していたのは，1965〜1966年に開発された戸建ての住宅団地である．農業従事者の比率も高い地方都市であるものの，孤立の多い地域が点在し

ているのだ．全体として地縁組織の加入率が高い地域のなかに，飛び地のような形で孤立が進む高度経済成長期に建設された住宅団地がある．こうした地域の住民は，名古屋市内に通勤する世帯が多く，いわゆるスプロール型開発によってつくられた地域で，地縁組織との関係が相対的に薄いと言われる地域だった．

　この地区は調査を実施した当時，高齢化率27%，65歳以上のひとり暮らし世帯25世帯（11.9%）となっていた．関係者への聞き取り調査からは，孤立している層は，自治会とは何らかの形で対立していたり，疎遠になっていたりしたことを聞かされていた．この点をより詳細に把握するために，地区の一人暮らし・高齢者世帯の高齢者を対象に，2007年11月に，親族・友人・近所との関わりや地域活動への参加の状況，外出の状況等に関するアンケート調査を実施した．

　その結果を簡単にまとめると，以下のようになる（松宮・新美・鷲野，2008）．片道1時間以内の場所に居住する親しい親族について，独居世帯では12.5%，高齢者世帯では8.3%が「いない」という状況だった．親しい親族との交流程度についても，「直接会う」がどちらも8割を越えているが，その一方で15%弱が「交流がない」か「電話のみ」の交流である．片道1時間以内の場所に居住する親しい友人については，独居世帯の25%，高齢者世帯の約3割で「いない」となっている．近隣関係についてはつきあいがあるのが6割前後である．「今後のご近所とつきあい方の希望これまでと同程度」という現状維持の志向が4分の3近くを占めていた．つまり，孤独死が多発している状況ではあるが，これまで以上に地域コミュニティとの関係が望まれていないということである．これはどのような理由によるものか，自由回答の一部を見ておきたい．

　独居世帯の方からは，「持ちつ持たれつ，困ったとき頼まれたら手を貸したり借りたりする」，「近所はいろんな面で大事にし，お付き合いをしたいと思っています」という積極的な評価がある一方で，「現在の付き合いで幸せです」，「交際範囲は多いのに越したことはありませんが，その分摩擦もあり，気を遣わなくてはならないから今の私はこれでいいかなと思います」という現状維持を求める声もあった．「深入りしすぎるとプライバシーが侵害される」，「あまりお互いの家庭に入り込まない．それが長続きする秘訣と思います」というように，消極的な志向も見られた．高齢者世帯については，「特に広く付き合いをする必要もないと思いますが，年齢もこれから増すため近所の方々と普段の付き合

いをする」という意見に対して,「万一の場合に備えて近隣世帯とは今程度の接点は維持したい」という現状維持の志向,そして「高齢になってきたので,今まで以上に付き合いを増やしても体がついてこないので,今のままで十分.少々多すぎて体調の悪いときに断るのに苦労しています」,「お互い入り込むのは好きではありません」,「プライバシーを守りたい.土足で踏み込まれたくない」という消極的な志向も多い.また,「災害時には助け合いたい」という意見が何件かあり,緊急時には遠い親戚よりも近隣の人との関係を重視する傾向も確認された.意識レベルで見ても,地域コミュニティをより強化するようなニーズは高くないということが浮かび上がってきたのである.

では,実際の支援状況はどのようなものだったのか.「心配事や悩みを聞いてくれる人」について16.7%が,「思いやったり気を配ったりしてくれる人」も12.5%が「いない」としていた.「数日間の看病や世話をしてくれる人」については,独居世帯で4分の1に上るが,高齢者世帯も16.7%が「いない」としている.「長期間の看病や世話をしてくれる人」については,独居世帯で「いる」という回答が3分の1で,「いない」が58.3%となっている.高齢者世帯では「いる」が6割を越えているが,約3分の1が「いない」としている点にも注意したい.「ちょっとした用事や留守番を頼める人」という日常的な関係については,独居世帯で20.8%,高齢者世帯で27.1%が「いない」としていた.ここからは,ソーシャル・サポート・ネットワークについては不安が見られることがうかがえる.

以上の調査結果から次の3点が課題として検討するべき内容となった.

第1に,独居高齢者も,高齢者世帯の高齢者も「孤立」状況は同様に見られる.高齢者世帯の高齢者の中にも,親しい親族,親しい友人,近所づきあいなどから「孤立」している人がいることがわかる.独居だけでなく,高齢者世帯を含めた対策の必要性が見えてくる.

第2に,近所づきあいに対する期待は現状維持が最も多い.孤独死対策として最も期待されるのが,近隣関係を中心とした地域コミュニティの力であるが,今回の調査からは「孤立」している高齢者に対する地域コミュニティでの取り組みの困難さが予想される結果となった.

第3に,「長期間看病や世話をしてくれる人」については,独居高齢者で「い

ない」という割合が高い．地域コミュニティレベルでの取り組みだけでなく，さまざまな福祉・医療サービスとの連携が必要であると想定された．

　以上の調査結果から，もう一度冒頭の言葉に戻りたい．常盤平団地のモデルのような強い地域コミュニティを作りだす「成功事例」ではなかなかうまくいかない．「成功事例」モデルを適用することでは，実現不可能ということだ．さらに，各ケースの分析，救助されたケースの分析からも，地縁コミュニティの強化では意味をなさず，地域コミュニティの強化という方向性が困難であることが浮かび上がったのである．こうした結果を踏まえ，次に見ていくような，愛西市独自の取り組みを模索することになった．

6　愛西市の取り組み

　愛西市では，「高齢者の孤立の防止」，「孤立死の予防・早期発見」を目的として，老人クラブ等の地域活動支援，介護予防事業や介護保険サービス，緊急通報システム，乳酸菌飲料給付，配食サービスなどのサービスを実施してきた．こうした制度を引き続き活用しながらも，調査から明らかになった，サービス利用者にも孤独死が発生したという実態や，経済的格差の問題を含む，近隣関係が果たす効果の限界といった課題にこたえるために，以下の2つの取り組みを新たにスタートさせた．

　第1に，さまざまなつながりや，サービスの利用があっても，近所づきあいや見守りをする中で不審に感じた場合，どこに連絡をとって相談すればいいのか明確ではなかったり，情報が一元化されたりするしくみがなければ混乱が生じたりしてしまう．この課題に対しては，相談・通報の窓口を愛西市役所高齢福祉課・地域包括支援センターとし，「愛西市緊急時対応フローチャート」を作成し行政の責任を明確化した．

　さらに，こうした情報の一元化に加え，緊急時に備え実行力を伴う情報網・連絡体制の整備を目指し，それまで愛西市が作成していた高齢者独居台帳に「鍵を預けている人」の追記を実施した（松宮・新美・鷲野，2008）．これは，民生委員によるひとり暮らし・高齢者世帯調査（3〜5月）の際に，一人暮らし高齢者に対し，「鍵を預けている人」の追記と，預けていない場合には信頼できる

人に鍵を預けるよう声かけを行ったもので，2011年度には，一人暮らし高齢者463名（全体の33.2％）が「鍵を預けている人」を登録した．こうして連絡先の明確化と実質的な見守りの体制づくりが整えられ，一定の成果があったと考えられる（鷲野・松宮，2012：75）．

　第2に，実態調査からは近隣関係に対する期待について「現状維持」が多く，地域コミュニティのさらなる関係の強化が困難な中での見守りの地域支援ネットワーク構築という課題が存在した．これに対して，孤独死予防・防止の地域的取り組みを進めることを目的に，地縁関係に限定されないネットワークの構築を進めた．具体的には，モデル地区住民，自治会役員，市役所，警察署，消防署，社会福祉協議会，在宅介護支援センター，介護サービス事業者，郵便局，新聞販売店，牛乳販売店，乳酸菌飲料販売店，鍵専門店など関連する機関を網羅的につなげる見守りネットワークを構築したのである（図6-1）．

　これは，自治会や老人クラブなどと関係が薄く，また，そのような近隣関係とのつながりを望まない高齢者に対しても見守りを可能とするための取り組みである．近隣関係に限定されない，選択可能な見守りネットワークとすることで，実態調査から得られた課題にこたえることを意図した取り組みと言える．

　これらの事業の中でも，一人暮らし高齢者の利用希望が特に多かったのが，

図6-1　愛西市孤独防止地域支援ネットワーク図

新聞販売店，牛乳販売店，乳酸菌飲料販売店による見守りである．愛西市では，65歳以上の独居高齢者を対象に，無償の緊急通報システム事業，自宅に乳酸菌飲料を無料配付し安否確認を行う事業，自宅に1食につき400円の自己負担で昼食を配食，当日回収し安否確認を行う配食サービス事業が実施されてきた．2011年度には，市内の新聞販売店5軒，牛乳販売店5軒，乳酸菌飲料販売店1軒が，異変を感じた場合に市役所高齢福祉課・地域包括支援センターに連絡する安否確認システムが実現している．表6-3に示したように，乳酸菌飲料の無料配布サービスについては，救助につなげたケースもある．また，新聞販売店による見守り事業はコロナ禍で対面での見守りが縮小を余儀なくされる中で，新たな方法としても注目されている．[2]

　他にも，2011年度からは傾聴ボランティア派遣事業を実施している．これは，一人暮らし，親族・近親のつながりが少ない65歳以上で，外出が週1回未満の人を対象とし，希望者には2週間に1回を基本にボランティアを派遣するものである．

　以上見てきたように，愛西市調査からは，それまでモデルとされていた近隣関係を中心とした地域コミュニティ強化による孤独死対策の転換と再検討が迫られ，新たな孤独死対策の事業化を進めたのである．最後に，こうした愛西市モデルの既存モデルに対する新しさと，コミュニティ実践がコミュニティ理論においてどのような意味を持ち，新たな理論的展開につながるのかという点について論じてみたい．

7　コミュニティ論としての含意

　これまで，孤独死対策の問題に対して，「関係性の貧困」→地域コミュニティの強化という単純なモデルに疑問を投げかけ，それを乗り越える可能性のひとつとして，愛西市調査と事業化のプロセスの分析を行ってきた．ここで特に困難な課題として浮かび上がってきたのは，孤独死防止として地域コミュニティ強化が有効であったのか，そして，「援助拒否」や孤立を選択する高齢者に対してどのように対応すべきなのかという問題である．こうした問題については，これまで正面から議論されることは少なかったのだが，今後の取り組みを進め

る上では重要な課題と思われる．岩田・黒岩（2004：31-2）が指摘するように，「つ
ながり」や社会関係を持たずに「孤立」している人に対しては，「孤立」の解
消を地域住民の自主的な活動だけに委ねられることはできない．自ら援助や
サービスを拒否する「援助拒否」や，生命に関する問題をかかえた人への対応
は，住民レベルの取り組みだけでは不可能であるためだ（河合，2009：312）．

　これに対して，愛西市の取り組みから考えるべきは，新聞販売店による見守
りなど商助的な活動と，互助・共助の活動を二本立てに設定し，選択可能にす
るという工夫である．つまり，現在中心的に取り組みが進められている互助・
共助を拒否する人たちに対して，商助を中心とした選択可能なオプションを用
意するということである．また，乳酸菌飲料配布による見守り事業は無償とし
た．この無償であるという意味は，いわゆるネットワーク構築にとっては相対
的に不利であり，また，そのようなつながりを選択しない経済的に困難をかか
えた層への対応として考えられたことにある．その意味では，単純な地域コミュ
ニティの強化ではなく，行政の責任（公助）の明確化と選択可能なネットワー
クの構築であり，孤独死に対するひとつの実践的なアプローチの可能性を示唆
するものと言えよう．

　こうした「関係性の貧困」とその極限形態とされる孤独死問題の対策のあり
方は，コミュニティ研究で議論されてきた中心的テーマと密接に関連するもの
である．特に重要なのは，政策的にも推進されている近隣関係の強化，地域コ
ミュニティの強化ではなく，地縁関係に限定されない，選択可能な資源を結び
つけるネットワーク形成の可能性だろう．実はこれまでにも，「都市の『小地
域社会』レベルの研究は，『小地域社会』を住縁の絆に基づく地域組織のみの
累積として狭くとらえてき」て，「その背後にある『小地域社会』の豊かさの
部分を見落とすことになった」（今野，2001：34）という批判があった．それに
対して，必ずしも地縁関係に限定されないネットワークの可能性が指摘されて
きたのである．「近隣」でありつつも，地縁以外の多様なネットワーク，居住
地に根ざしつつ選択可能なネットワークの構築という課題であり，警察，スー
パー，コンビニ，郵便局，新聞販売店など，専門機関によるサービスの多様性
と，それを取り込んだ都市的生活様式論の可能性が指摘されている（金子，
1997：10）．こうしたコミュニティ論の方向性は，本章で検討した，既存モデル

を超える愛西市の取り組みのモデルと響き合うものと言えるだろう．

　この問題に対してバーン（2010：240）は，「コミュニティ」を近隣関係だけでなく，共通の空間的経験に裏打ちされた共同性を意識し，共同的に行動する関係に拡張することを求めている．これは近年のコミュニティ論においても重視されている視点である．必ずしも地縁関係に限定されないネットワークの可能性が，本章の関心からも重要だろう．「近隣」でありつつも，地縁以外の多様なネットワーク，居住地に根ざしつつ選択可能なネットワークの構築はその方向性のひとつである．

　このように，孤独死対策としては，町内会・自治会などに必ずしも限定されないネットワークと，選択可能な資源のオプションを探り，増やすことが必要とされる．これは，「つながりを持てる人はますます豊かなつながりを持ち，持てない／持たない人はますます『関係性の貧困』に陥る」という，ある意味で身も蓋もない，パーソナル・ネットワーク論が見いだしてきたシビアな知見を越えることの要請でもある．こうした要請に対して，都市社会学が蓄積してきた議論は，高齢者の「関係性の貧困」，孤独死問題認識の枠組みとしても，そして単なる「つながり」や「絆」の礼賛にとどまらない実践的な取り組みとしても，その成果を生かしうるし生かすべきと言えるだろう．

8　見過ごされがちなものへ

　近年の孤独死をめぐる議論の中で見失われてきた問題にも注意したい．そのひとつが高齢者の経済的な貧困，階層の問題である．これまで，東京都港区，横浜市鶴見区調査からは，孤立する高齢者の割合が，年収，経済状況が低い層ほど比率が高くなることが明らかにされている（河合，2009：296-7）．また，黒岩（2010：93）は東京都世田谷区の調査から，物理的孤立，家族，地域など多様な孤立状況の人ほど低収入である傾向を見いだしており，ここからは単純にネットワークを強化するだけでは，経済的格差，階層という要因によって格差や不利益が生じるという問題も考えられるはずだ．新井（2010）は，自治会組織率の高い住区で「孤独死」の発生率が低いことを明らかにし，また低所得者に「孤独死」のリスクが高く，生活困窮者への適切な経済的支援が「孤独死」

対策に結びつくことを指摘している．こうした点からも，単純な地域コミュニティ強化の提唱でいいのかという疑念も浮かぶはずだ．

　これとは別に，都市社会学の成果に引きつけて考えてみれば，コミュニティ衰退論的傾向か，それに対抗する近隣の関係から解放されたパーソナル・ネットワークへの注目が集まり（いわゆる「コミュニティ解放論」），フォーマルな近隣関係から地縁関係に限定されないインフォーマルなパーソナル・ネットワークの選択という点に関心がシフトしてきたはずである．また，「『つながり』を持っている人，社会関係が豊かな人はますますそれを豊かにし，そうでない人はますますそれを貧しくするということが示唆されて」（岩田・黒岩，2004：31）いることや，受け手の意思に反したサポートの提供が，サポートが負の効果を生み出す（稲葉，2007:66）といった知見は，孤独死対策のあり方とも無関係ではない．その意味でも，孤独死対策として再び近隣関係を中心とした地域コミュニティに期待することが現実的であるのか，そしてこのような方向性が望ましいのかという点については再検討の余地があると言える．

　この点について石田光規（2018）は，孤立問題に対して「共同体的関係」がもつネガティブな機能に対して注意を喚起し，過去の「共同体的関係」に戻るという道筋を批判している．これは，「近所づきあい」という地縁組織の「共同体的関係」に期待することができないことを示すものと言える．また，孤立解消の期待が最も寄せられている近隣関係による互助についても，地域・近隣の関係への願望が下がり，交流の場としても，サポート源としてもほとんど認識されていないというシビアな実態を提示することで，その困難と非現実性を突きつける．その代わりに，孤立から脱却するしくみとして注目するのが「弱い紐帯」（グラノヴェター，2006）である．孤立者にとってアクセスしにくい「強い紐帯」ではなく，援助の声を発することのできない人にも対してアクセスの可能性があるためだ．もちろん，「強い紐帯」と同様，「弱い紐帯」を意図的に作り出すことも困難ではある．しかし，「日常生活の動線への支援の場の設置」による包摂の提言は，現実的に有効な，実践的な道筋を示すものと考えられる．「近所づきあい」のような既存の社会関係ではなく，ある程度意図的に「つながり」を創出することは，今回の調査データの分析結果からも実践的な意義を持つ方向性と考えることができる．

　また，石黒編著（2018）は，根拠のない悲観論と楽観論を退けた上で，友人関係の娯楽化によって，サポート資源としての機能の面でリスクが増大することや，重要なサポートを非血縁者に頼ることができていない状況，特に男性におけるソーシャル・サポートをめぐる悲観的な将来像を課題として提示する．ここから，共助によって支えあうことの困難と，公的セクターの役割や民間サービスの拡充を提言する．この主張を本章での知見と重ね合わせてみると，「近所づきあい」というインフォーマルな関係に依拠した共助の限界と，ある程度公的セクターや民間サービスを基盤としたフォーマルな地域活動の必要性を示すものと見ることができるだろう．実際，愛知県の事例分析から，独居男性の方が女性よりも見守りを使わないことが目立つことも明らかにされている（斉藤，2018：136）．5章でみてきた男性の孤立という課題にこたえる意味でも，地縁組織に限定されないネットワークへの参加支援の有効性が示唆されると考えられる．

▍ 9　展開可能性

　以上の愛西市での地域コミュニティ，コミュニティ実践のあり方をもとに，多くの地域で地域コミュニティの課題，コミュニティ実践に関する講演，研修で話をする機会をいただいた．特に孤独死に対して地域コミュニティはどのように対応するべきかというテーマは，最も多く求められたものである．こうした場において，愛西市でのコミュニティ実践をモデルとして適用するという方向性は，当然のことながら採用しなかった．まず，「絆の再生」がそもそも極めて困難であることを前提としたうえで，コミュニティ実践の方法に関するバリエーションを示すことにしたのである．

　このように考えているのは，冒頭で示したように，「成功事例」のモデルを適用することはできないと考えるためである．孤独死対策のモデルは，地縁組織による見守りだけに限られるわけではない．実際，厚生労働省のモデル事業においても，緊急時の支えあいマップ作り，民生委員の戸別訪問，郵便局による郵便配達時の状況確認，電気，ガス，水道，安否確認のためのポット，コンビニでの御用聞きサービスなど多様な方法が考えられていたのである[3)]．しかし，

実際の孤独死対策，そして，孤独・孤立への政策的対応は，どうしても，強い
コミュニティづくりに収斂されがちである．

　この点を考える上では，園部雅久による「親交的コミュニティ」と「自治的
コミュニティ」の区分が参考になる（園部，2008）．「親交的コミュニティ」とは，
都市化のプロセスで失われるとされる，親密な第一次接触の再構築を目指すも
のである．これに対して，「自治的コミュニティ」は，生活問題の専門的機関
による処理による個人，世帯の生活問題処理能力の低下を補う実践である．本
章で見てきた地域コミュニティの方向性は，「親交的コミュニティ」ではなく，
ドライなコミュニティ実践としての意義を持つと言えよう．

　最後にもう一度，根本的な問題に立ち返りたい．これまでの議論をまとめる
と，孤独死に対しては，① 過剰な不安と② 過剰な期待があることがわかる．
① 過剰な不安とは，孤独死が，一人暮らしの人が増えれば必然的に生じる問
題であるにもかかわらず，それを必要以上に問題視して，一種の脅しのような
形で地域コミュニティを強化していく動きに見られるものだ．「孤独死を防ぎ
たかったら，セーフティネットを準備しておくべき」という形で，つながりを
持つ事を強いるのは，単に脅しであり，現実的な問題解決の道筋を奪うものと
なる．孤独死による不安の喚起と，不安を煽ることでコミュニティへ動員する
こと自体の問題性を認識する必要がある．[4)]

　② 過剰な期待とは，「絆」の再生が，言葉でいうほど簡単なのかという問題だ．
そもそも，「つながり」を持っている人，社会関係が豊かな人はますますそれ
を豊かにし，そうでない人はますますそれを貧しくする傾向がある．また，受
け手の意思に反したサポートの提供は，サポートが負の効果を生み出す危険性
もある．このように，単純につながればいいというものではない点を確認して
おきたい．必要とする見守られ方，希望する見守られ方が人それぞれ違うこと
から，「孤立の予防」，「孤立死の防止」，そして「孤立死の早期発見」など，段
階ごとに，その人に合った方法で支援できるよう，地域とのつながりや各種制
度を組み合わせて活用する必要がある．

　この問題を解決する実践のあり方として，愛西市のモデルを検討してきた．
ここでのポイントは，これまでの孤独死防止の地域的取り組みが，あまりにも
強い地縁関係に基づく地域コミュニティモデルを前提としていたのではないか，

そして，地縁関係だけでなく，選択可能な見守りのシステムを作ることが，実態に即した解決策であることを示してきた．これは，「弱い」なりの「強さ」を持つ実践でもあることを見ておきたい．

　たとえば，近年注目されているのが，"遠慮がちな"コミュニティの持つ可能性である．いくつかの研究で，強いコミュニティづくりではなく，「誘われたら参加する」というように，消極的な理由でつながる関係の持つ「強さ」が指摘される．特別な意識を持たなくてもかまわない，声かけることをためらうことから生まれる気遣いや配慮を基盤としたコミュニティが，積極的な機能を果たすという（今村ほか，2010）．これは，理論的に見れば，グラノヴェターのいう「弱いきずなの強さ」というテーゼ（グラノヴェター，2006）に連なる．親密で，頻繁に交流のある「強いきずな」に対して，顔見知り程度で挨拶程度の「弱いきずな」であることから生まれる「強さ」があるという主張だ．

　このように，地域コミュニティのつながりをあまりにも強いものと考えず，個人の選択を可能とするネットワークの持つ意味は重要だ．こうした点を踏まえ，8章でみるように，長久手市では，東海地方特有の喫茶店文化を利用した見守りのネットワークづくり，朝のウォーキングの際に高齢者主体で運営する菜園，花壇づくりによるつながりの構築を進めつつある．無理な関係づくり，強引な関係づくりは逆効果となる．コロナ禍では，多様な方法，手紙やハガキ，歩くことでの見守りも増えた．農の活動による地域コミュニティづくりは，孤立しがちな男性の参加にも有効である（松宮，2013）．こうしたコミュニティ実践は，「援助拒否」などの問題を超えた，新たな地域コミュニティのあり方を見いだすことができるだろう．以上の点から，孤独死問題に対して過剰な不安と過剰な期待をいだくことなく，現実的なコミュニティ形成によって，最大限その強さを引き出すことの重要性を強調しておきたい．

注 ───────────────────────────────

　1）また，あくまでもデータ分析に基づく検証作業であるため，本事例を「成功事例」として提示することを目的としたものではないことも断っておきたい．2011年3月10日に名古屋テレビで放映された『UP！』「『無縁』を見守る」では，愛西市の事例が「問題事例」として紹介されていた（鷲野・松宮，2012）．

　2）中日新聞の「み・まも～る」は異常事態支援の無料サービスで，愛知県内で利用範囲

が拡大している（http://maedashimbun.com/company/readers-service/mimamo-ru/, 2021年9月30日確認）.

3）https://www.mhlw.go.jp/stf/seisakunitsuite/bunya/0000034189.html（2021年9月30日確認）.

4）地域コミュニティの強化が個人の尊厳を奪う問題から目をそらすことは避けなければならない．この点に関連して沢木耕太郎は，餓死を目前にしながらも，「他人の世話になるのはいやだ」と他人の施しを強く拒絶する高齢女性の死，そして積極的に孤立を選び取った（選び取らざるを得なかった）生の意味を追うなかで，否定的な「孤独」，あるいは「孤立」という安易なラベリングが尊厳を奪う可能性があることに注意をうながす（沢木，1977）.

7 章

縮小社会とコミュニティ実践

▌ 1 　人口縮小と地域社会

　ある自治会の行政計画策定委員会に委員として参加した際に，今後10年後の人口予測値として，これまでの人口動態や今後の予測値からみて，人口目標があまりにも過大なように感じられたことがある．筆者は，すでに人口減少の予測がなされているにもかかわらず，目標値が大きすぎると，実態とのギャップが生じてしまうのではないか，その見積もりが多すぎるのではないかと発言した．これに対して担当職員からは，自治体の今後の「やる気」を示すものだと説明された．目標値なのだから，実態以上の目指すべき目標を見据えることが必要なのだという．

　この点はある程度納得できたが，もうひとつ，自治会加入率を2割引き上げるという計画の数値目標はさらに気になってしまった．筆者は，愛知県内の自治体でここ10〜20年間に自治会加入率が上がった自治体はないことをもとに説明を求めたが，あくまでも「計画」であり，目指すべき方向を示すという回答があったのみだった．そもそも人口減少が進み，自治会など地縁組織の加入率が下がる状況の中で，どのような展望を描くことができるのか，地域コミュニティ，コミュニティ実践にかかわるなかで，あらためて考えざるを得なくなったのである．

　こうした問題は，この自治体だけではなく，ほとんどすべての地域において課題となっていることだ．コミュニティ実践の基盤には，地域社会の構造，人口構成，財政構造の把握が必要である．こうした基盤をもとに，地方自治体は

人口増や地域コミュニティへの参加を増やすといった目的を立てる．地域社会の課題と今後のあり方を考える上での指標としてわかりやすいものかもしれない．しかし，コロナ禍で人口縮小の度合いが進む状況にもかかわらず，非現実的な予測が立てられていることに注意が必要だ．具体的にどのように増やすか，どのような仕組みで地縁組織の参加率が上がるのかが明示されなければならないはずである．

　そもそも日本は少子高齢化が進み，2005年をピークに人口の縮小段階に入っている．全体としては人口規模が縮小する，「縮小社会」が進行していく．少子高齢化の進行，生産年齢人口の減少など，経済や財政構造にも影響を与え，特にコロナ禍で地方自治体の財政難が加速していることにも注意が必要である（平岡，2020）．中央からの分配が厳しい状況，地域間競争が強いられる状況では，人口「減少」問題に対しては，財とサービスの配分，特に空間的な配分の枠組みが重要となる（赤川，2012）．しかし，公共事業を中心とした中央から地方への財源の分配，条件が厳しい自治体に対する手厚い分配から，周辺地域に自律を強いる「選択と集中」を基盤とした政策へと舵が切られたことによって，中央からの地方への財政的な分配が縮小している（中澤，2019）．こうして多くの地方自治体では財政的困窮が進んでいるわけだが，財政難による公的なサービスの縮小に対応するものとして，お金のかからない地域コミュニティでの相互扶助が注目されるという面がある．地域コミュニティによる地域課題の解決，コミュニティ実践に注目が集まる理由のひとつには，こうした人口縮小，財政難のなかでの「共助」への期待があるのだ．

　象徴的なのは，社会保障の観点からも，〈地域〉での支えあいに注目が集まっていることだ（菊池，2019）．これは，社会保障費が高騰するなかで，社会保障費を一定程度抑制する役割，その代替的な機能を果たす役割を地域コミュニティに求める動きである．いわゆる「公助」から「共助」，「自助」へ．だから，縮小社会化が進むなかで，ある特定の空間での共同性，地域コミュニティへの期待が高まるのだ．

2　「地方消滅」のインパクト
──過剰な人口予測と政策人口──

　こうした動きを加速させている背景にはどのような政策があるのだろうか．2014年に，2010年から2040年までの間に「20〜39歳の女性人口」が5割以下に減少すると予測された市区町村である「消滅可能性都市」という言葉が大きく報じられた（増田編著, 2014）．過疎地域ではなく，三大都市圏においても「消滅可能性都市」の存在が報道されたことで，全国的なインパクトを与えたと言っていいだろう．2014年11月に策定された地方創生二法では，長期ビジョンと総合戦略が要請され，総合戦略では，自治体が2015年4月から人口推計を行うことが奨励された．「まち・ひと・しごと創生戦略」では2060年に人口1億人程度を確保する中長期展望がなされ，これを前提として，各自治体で人口予測が立てられることになったのである．各自治体は，「人口ビジョン」により，将来の人口増を前提とした「地方創生」の取り組みを進めることとなった．

　まず，人口予測について考えてみると，将来人口をどのようにして設定するか，単に人口を増やすという目標設定でいいのかという問題がある．2010年に実施された全国自治体調査では，今後の地域社会・政策の方向として「成長型」11.4％，「定常型」73.2％で，縮小を前提とした「縮小型」が12.4％となっていた（広井, 2011：103-4）．基本的に現状維持ではあるが，縮小傾向があるなかでは，実質的に人口を増やすという目標に等しい．実際，明らかに水増しされた人口予測が目立っている．「将来人口＝推計値＋開発要因」という形で政策的に人口を増やす目標を定めた総合計画（遠州, 2010：22）の持つ問題である．たとえば，2015年3月，全国第1号の京丹後市の人口ビジョンでは，1割以上の人口増という，実現可能性がない過剰にも見える予測（増田・冨山, 2015：12）がたてられたわけだが，地域の「やる気」を生み出すポジティブな予測として評価できるのか．実態としては人口縮小が予測される以上，その前提を見据えた視点が必要ではないかという批判がある．

3 愛知県と地方消滅論

　本書で焦点をあてる愛知県について見ていこう．愛知県では，県下54市町村
のうち，「消滅可能性都市」は7市町村に過ぎず，13.0％と全国で最も低かった．
逆に，愛知県は若年女性人口減少率が低い上位20自治体に，日進市（12位），幸
田町（14位），みよし市（16位），高浜市（19位）の4自治体が入っていた．ただし，
東三河地域では，すでに人口減が深刻化し，特に市町村合併した自治体の問題
があり，合併による減少傾向の加速が認められる．

　こうしたなかで2015年8月に出された愛知県の「県まち・ひと・しごと創生
総合戦略推進本部」の試算によると，2060年に人口700万人が維持され，合計
特殊出生率が国のビジョン通り2030年までに1.8，2040年までに2.07となる想定
において，2060年には約700万人という推計である[1]．

　愛知県全54市町村の人口に関する位置づけと地域政策の枠組みをまとめたの
が表7-1である．「推計人口2015.7」は2010年国勢調査を確定値とし，毎月の
住民基本台帳等の増減数を加えて算出したものであり，消滅都市指標は増田編
著（2014）による．

　愛知県内の54自治体の総合計画を見ると，対人口推計値に対する目標人口は
20の自治体で「増」，つまり推計値よりも高い人口の増加を目指すものとなっ
ている．このような推計はどのような根拠に基づいているのだろうか．表
7-2に主要な「政策人口」の根拠を示している．いずれも，「政策人口」とい
う目標が目立つように，それほど具体的ではないように感じられるのではない
だろうか．

　将来の人口の予測をどのようにたてるかによって，地域政策は大きく変わる
わけだが，愛知県の事例からは，過大な予測となっているのではないかという
疑念がつきまとう．「予測人口＋開発人口」という「政策人口」の根拠の不在は，
表7-2に示したように，総合計画であるためやむを得ないとはいえ，理念的
なものである．地方創生総合戦略では，さらに「政策人口」が水増しされてい
く傾向がある．

　愛知県内の市町村における地方創生総合戦略は，豊根村が第1号である．

表7−1　愛知県市町村の予想人口

自治体	国勢調査 2010	推計人口 2015.7	消滅都市指標	総合計画	策定年度	終了年度	終了年度人口	対推計値
名古屋市	2,263,894	2,282,172		名古屋市総合計画2018	2014	2018	2,280,000	同
豊橋市	376,665	372,708	−29.6	第5次豊橋市総合計画	2011	2020	372,000	同
岡崎市	372,357	377,305	−24.5	第6次岡崎市総合計画後期基本計画	2015	2020	400,000	増
一宮市	378,566	378,760	−23.8	第6次一宮市総合計画後期計画	2012	2017	365,000	同
瀬戸市	132,224	129,804	−33.6	第6次瀬戸市総合計画	2006	2015	131,200	同
半田市	118,828	117,100	−25.4	第6次半田市総合計画	2011	2020	122,000	増
春日井市	305,569	308,904	−20.1	第5次春日井市総合計画	2013	2017	309,000	同
豊川市	181,928	181,182	−30.1	第5次豊川市総合計画	2006	2015	140,000	同
津島市	65,258	62,893	−39.0	第4次津島市総合計画	2011	2020	66,000	増
碧南市	72,018	70,532	−23.7	第5次碧南市総合計画	2010	2020	77,000	増
刈谷市	145,781	149,043	−22.7	第7次刈谷市総合計画	2011	2020	159,000	増
豊田市	421,487	420,539	−21.3	第7次豊田市総合計画	2008	2017	430,000	同
安城市	178,691	183,353	−13.7	第7次安城市総合計画	2005	2014	178,000	同
西尾市	165,298	166,290	−25.9	第7次西尾市総合計画	2013	2022	163,000	同
蒲郡市	82,249	80,463	−35.2	第4次蒲郡市総合計画	2011	2020	80,000	増
犬山市	75,198	74,176	−24.4	第5次犬山市総合計画	2011	2022	77,000	増
常滑市	54,858	57,078	−29.1	第4次常滑市総合計画	2006	2015	64,000	増
江南市	99,730	99,116	−30.8	江南市戦略計画	2008	2017	103,000	増
小牧市	147,132	147,180	−36.1	第6次小牧市総合計画	2009	2018	160,000	同
稲沢市	136,442	136,586	−38.0	第5次稲沢市総合計画	2008	2017	134,000	同
新城市	49,864	47,007	−56.5	第1次新城市総合計画	2008	2018	50,000	増
東海市	107,690	112,088	−15.1	第6次東海市総合計画	2014	2023	115,000	同
大府市	85,249	88,917	−10.5	第5次大府市総合計画	2010	2020	98,000	同
知多市	84,768	83,942	−27.3	第5次知多市総合計画	2011	2020	89,000	同
知立市	68,398	69,643	−20.9	第6次知立市総合計画	2015	2024	70,312	同
尾張旭市	81,140	81,986	−23.2	尾張旭市第五次総合計画	2014	2023	84,000	増
高浜市	44,027	45,350	−2.4	第6次高浜市総合計画	2011	2021	48,000	同
岩倉市	47,340	46,381	−37.8	第4次岩倉市総合計画	2011	2020	50,000	増
豊明市	69,745	69,571	−29.0	第4次豊明市総合計画	2006	2015	72,000	同
日進市	84,237	89,500	1.8	第5次日進市総合計画	2011	2020	100,000	同
田原市	64,119	62,032	−36.9	第1次田原市総合計画	2007	2030	70,000	増
愛西市	64,978	63,146	−37.9	第1次愛西市総合計画	2008	2017	61,450	同
清須市	65,757	66,623	−17.4	清須市第1次総合計画	2007	2016	66,800	同
北名古屋市	81,571	83,984	−16.1	北名古屋市総合計画	2008	2017	85,000	同
弥富市	43,272	43,367	−27.2	第1次弥富市総合計画	2009	2018	46,000	増
みよし市	60,098	62,128	−0.4	みよし市総合計画	2010	2023	70,000	同
あま市	86,714	86,922	−23.7	第1次あま市総合計画	2012	2021	90,000	増
長久手市	52,022	57,879	−7.6	第5次長久手町総合計画	2008	2018	63,000	同
東郷町	41,851	42,717	−5.5	第5次東郷町総合計画	2011	2020	45,000	同
豊山町	14,405	15,172	−13.9	豊山町第4次総合計画	2010	2019	14,800	同
大口町	22,446	23,150	−11.0	第6次大口町総合計画	2006	2015	23,000	同
扶桑町	33,558	33,958	−13.2	第4次扶桑町総合計画	2008	2017	32,600	同
大治町	29,891	31,267	−6.9	第4次大治町総合計画	2011	2020	32,000	同
蟹江町	36,688	36,796	−38.7	第4次蟹江町総合計画	2011	2020	38,000	増
飛島村	4,525	4,460	−54.0	第4次飛島村総合計画	2013	2022	5,000	増
阿久比町	25,466	27,841	−13.7	第5次阿久比町総合計画	2011	2020	28,000	増
東浦町	49,800	49,916	−20.9	第5次東浦町総合計画	2011	2020	53,000	同
南知多町	20,549	18,756	−59.4	第6次南知多町総合計画	2010	2020	19,000	同
美浜町	25,178	24,246	−51.8	第5次美浜町総合計画	2014	2025	22,500	同
武豊町	42,408	42,847	−14.9	第5次武豊町総合計画	2008	2020	43,000	同
幸田町	37,930	39,860	1.3	第5次幸田町総合計画	2006	2015	40,000	同
設楽町	5,769	4,996	−71.5	設楽町総合計画後期基本計画	2012	2016	5,050	増
東栄町	3,757	3,347	−74.8	第5次東栄町総合計画	2006	2015	3,300	同
豊根村	1,336	1,134	−60.6	第5次豊根村総合計画	2008	2017	1,400	増

表7-2　主な「政策人口」の根拠（各自治体総合計画より抽出）

半田市	政策人口1500人
津島市	子育て環境の充実，地域資源を生かした魅力あるまちづくり，駅周辺における多様な都市機能の誘導，産業誘致による雇用の確保
碧南市	雇用情勢の持ち直し，子育て支援策，企業誘致施策の効果
蒲郡市	子育て環境の充実，住宅地確保，新産業の育成・誘致による雇用確保，教育環境の充実
犬山市	定住化促進施策
常滑市	中部国際空港，中部臨空都市従業者等の転入を見込む
江南市	地域経営・行政経営のそれぞれの視点から，各分野で戦略的な取り組みを展開することにより，2015年度のピーク人口を維持する
新城市	子育て支援策や医療・教育環境の充実等による出生数の増加と，インフラ設備，就業環境の整備等を通じた定住人口の増加，市内山間部における集落の機能の維持，活性化など市域の多様性に配慮した総合的な定住対策
尾張旭市	主に子育て世代の流入により，定住人口の増加を図り，社会動態を増加に転じさせる．
岩倉市	微減傾向にあり，政策的な対応がなければ人口減少．政策的推進により微増
田原市	企業誘致による雇用力増大，少子化対応による出生力向上など政策人口を加算．
弥富市	生活環境・基盤整備，保健・医療・福祉・子育て支援体制の整備，教育・文化環境の充実，活力ある産業の育成等により，人口減少ではなく増加傾向で推移していくことを目標
あま市	各種施策・定住環境の充実
蟹江町	住宅整備，子育て支援施策の充実による政策人口増
飛島村	新規住宅地の整備とともに住民が住み続けたいと思う，子どもを生み育てたいと思うような取り組みを強化
阿久比町	土地区画整理事業による住宅供給，保健・医療・福祉・子育て環境の充実，教育・文化環境の充実，活力ある産業の育成
設楽町	人口減少を防ぐための施策展開

　2015年8月に策定された「豊根村まち・ひと・しごと創生総合戦略」における「人口ビジョン推計値」では，「何もしなかった場合」，2040年に689人，2060年に438人に減少するが，出生率向上対策により2040年に出生率2.07をめざし，転出抑制・転入促進対策として年平均マイナス15人である社会減の半減をめざすことにより，2040年に893人，2060年に892人と，推計値の倍以上の「政策人口」を見込んでいる[2]．

　このように，愛知県内の市町村では，「予測人口＋開発人口」という形で人口増の予測を立てている自治体が目立っている．その一方で，こうした過剰な

人口見積もりとは異なる形で，地域コミュニティを基盤とした施策を打ち出している自治体がある．その代表的な事例である，新城市，長久手市両自治体は，人口減少をシビアに見据えた地域政策を打ち出しているという特徴がある．新城市では，地域自治区制度導入によって，周辺地域への予算・権限の移譲を行い，周辺からの撤退や「選択と集中」とは異なる持続的な地域形成を目指している．長久手市では，人口増の予測にもかかわらず，人口減少時を先取りした形で地域自治組織再編のしくみづくりを目指してきた．どちらも人口増を前面に出さず，地域コミュニティへの投資と制度化によって今後の課題に対応することを目指している．本章は両市の地域コミュニティへの取り組みから検討を進めていきたい．

4　縮小社会における地域コミュニティへの注目

縮小社会化する地域社会は，成長期の地域社会との間には断絶があり，新たな「構造」，「原理」を想定することが必要であるという（田中，2011）．地域社会の縮小社会化とは，人口面における減少・高齢化・少子化，医療・介護・福祉分野での財政支出の増大と財政難，地域経済の衰退・停滞など多様な要素を含むものであり，人口・行財政・経済の縮小が進む中で，地域社会の構造的変化と再生の道を展望することが課題とされる（田中，2011）．

地域の縮小社会化は，単にその衰退・消滅をもたらすだけでなく，対応によっては，市民セクターの拡大や地域コミュニティ形成など地域社会の可能性をひらくという展望がある．ここで鍵となるのか，地域自治組織の再編と地域内分権が持つ可能性である．たとえば近年，まちづくりにおいて脚光を浴びる「コミュニティデザイン」をめぐる議論の前提には，縮小社会においては「参加」が重要な役割を果たすという認識があり，その可能性が主張されている（山崎，2012：5）．こうした点からすれば，縮小社会化は，地域社会の縮減ではなく地域コミュニティへの「地域参加」の促進によって市民セクターの活動を充実させることで，地域再生に結びつくという期待につながる．そしてこれは地域の財政的な基盤からの要請とも合致するものだ．

ここでは，地域コミュニティへの資源分配と自治を前提とした地域内分権的

な地域自治組織再編が重要となる．こうした動きに対しては，合併後の自治体
における地域自治組織への注目（小田切，2014：132-3）がある．2012-2013年に
実施された，全市区町村を対象とした，旧町村・学校区など一定の区域におけ
る，ほぼ全世帯を構成員とする「広域的地域マネジメント組織」に関する調査
では，28.8％の市町村で新たに設置されていることが明らかにされている（坂本，
2014：165）．過疎地域だけでなく，地域コミュニティの自治的基盤が相対的に
弱まっている都市部でも期待が高まっている．

　もっとも，財政規模の縮小によって，事業縮小を地域住民の「自助」，「共助」
によって代替する「強いられた地域参加」というネガティブな側面については
注意する必要がある．「財政の縮減と行政の合理化のつけを住民のボランティ
ア活動」などに肩代わりさせるものであり，行政の責任放棄であるという批判
はつきまとう（玉野，2006：150）．これに対して，地域コミュニティに自助的な
解決を負わせることなく，一定の財政的，人的資源の分配を行うことで，問題
解決の仕組みをつくる動きもある．そのなかで注目されるのが地域自治区制度
の導入である（山崎編著，2014；三浦，2021）．次に，地域自治区制度による地域
コミュニティ再編について，愛知県新城市の事例から見ていくことにしたい．

5　愛知県新城市の地域自治区制度

　愛知県下の市部では唯一の「消滅可能性都市」とされた新城市（増田編著，
2014）は，2005年に新城市，鳳来町，作手村の新設合併によって生まれた．豊
田市に次いで愛知県内2番目の499km^{2}の面積で，財政力指数0.53（2019～2021年
度三カ年平均）と，財政的には愛知県内38市のなかで最低である．

　人口についてみると，新城市全体では1995年をピークに減少している（表

表7-3　新城市の人口（国勢調査）

年	1960	1965	1970	1975	1980	1985	1990	1995	2000	2005	2010	2015	2020
新城市・旧三市町村合計	59,891	56,279	54,042	54,204	54,239	51,965	54,583	54,602	53,603	52,178	49,864	47,150	44,355
旧新城市	33,022	32,148	32,597	33,959	34,558	32,373	35,633	36,147	36,022	35,730	34,930	33,668	—
旧鳳来町	21,420	19,421	17,307	16,538	16,155	16,000	15,498	15,142	14,355	13,382	12,197	11,029	—
旧作手村	5,449	4,710	4,138	3,707	3,526	3,592	3,452	3,313	3,226	3,066	2,737	2,436	—

7-3）．旧鳳来町，旧作手村では1960年代から減少傾向が続いている．高齢人口比率は，旧鳳来町，旧作手村で高くなっており，2020年の段階で新城市では36.2％だ．

旧作手村は過疎化，高齢化が最も深刻な地域で，作手村時代には，1980年代から若者を中心とした積極的な定住・移住施策が進められた．特に，村営住宅建設，企業誘致，若者定住誘致策により，1985年の国勢調査では東三河山間部の自治体で唯一の人口増が見られた（作手村誌編集委員会編，2010：363）．しかし，その後，人口減少が進み，さらに2005年の合併後，旧作手村の取り組みが消滅し，新市として選択を迫られる．

こうしたなか，合併後2005年に新市の市長になった穂積亮次氏（旧鳳来町長）の「マニフェスト」において地域自治区が言及され，2009年の再選後，地域自治区制度導入が進められる．通常，市町村合併に合わせて地域自治区制度の導入など地域内分権の取り組みを行うものだが，新城市の場合，合併から5年経過した後に「今後の自治の持続可能性」（穂積新城市長の言葉）を念頭に，その実施が検討・計画されているところに特色がある．

筆者は2010年度にアドバイザーとして新城市の地域自治区策定にかかわることとなった．その際，① 地方自治法上の地域自治区制度の要点を明らかにすること，② 他の自治体の事例を検証すること，③ 本市で導入すべき制度の方向性・具体的内容を示すことの3点が求められた（新城市地域内分権庁内検討委員会編，2010）．

新城市の地域コミュニティに関する政策で注目される地域自治区制度は，2012年に設置された．これは地方自治法に基づく地域自治区（三浦，2021）であり，10の地域自治区の区割りについては，基本的に中学校区として，既存の地縁組織を生かしている．もっとも，区割りについてはいくつか困難があった．従来の自治区の区割り，旧町村，中学校区などの基準が一致せず，統一的な区割りが困難となったためである．旧新城市は大字単位で5地域に分かれており，当初は旧新城町と舟着村を合体した4で提案したが，猛反対で5に修正することとなった．鳳来町は大字で割ると8になるが過疎化が進み，8では地域が保てないため，代表区長と消防団の区割りをもとに3とした．設立準備会において分けたいと言い出した地区には地域分割を認めた．[3]このように区割りをめ

ぐっては，従来の地縁組織の枠組みとの齟齬，合併前の旧市町村単位での制度の違いによって，厳しいせめぎ合いに直面することとなった．この調整によってできた区分であることは確認しておきたい．

　さて，新城市の地域自治区制度は 3 つの特色があるとされる（三浦，2021）．これは予算（資源）と地域代表制（正統性），意見表明権（権利・機能）であるが，特に重要なのが地域コミュニティへの権限と分配と言える．地域自治区制度には 2 つの予算が設けられている．以下では，その概要について見ていこう[4]．

①「地域自治区予算」：地域協議会で予算の使い道を審議し，市が実施する

　予算の規模は全体で7000万円（市税の 1 ％）である．地縁組織代表，住民の批判をふまえて市長のマニフェストにあった「市税の 1 ％を市民活動に」という考えのもと7000万円の地域自治区予算というしくみとしたものである．一般財源をもとに，人口 1 人あたり1000円， 1 km² あたり 4 万円で分配する．

②「地域活動交付金」：地域協議会で団体に配布する活動助成を決定

　予算規模は総額で3000万円であり財源は合併によって得られた基金を取り崩したものである．人口 1 人あたり500円， 1 km² あたり 1 万円で分配している．

表 7 - 4 　地域自治区予算，地域活動交付金（2014年度）

地域協議会	地域自治区予算		地域活動交付金	
	予算（万円）	事業数	予算（万円）	事業数
新城	730	9	364	8
千郷	1,270	4	613	23
東郷	1,080	2	502	17
舟着	240	3	101	9
八名	690	5	309	15
鳳来中部	400	4	183	7
鳳来南部	360	3	132	6
鳳来東部	760	5	288	11
鳳来北西部	710	10	253	10
作手	750	5	257	9

表7‒5　地域協議会の委員 (2014年度)

地域協議会	委員数	委員の内訳
新城	23	区長9，各区1‒2名選出
千郷	22	区長17，区長会推薦5
東郷	25	区代表17，区長会推薦8
舟着	12	区長4，副区長4，舟着コミュニティ推薦4
八名	20	区長10，各種団体から10
鳳来中部	19	区長10，区推薦6，団体推薦3
鳳来南部	21	区代表10，区推薦7，団体推薦4
鳳来東部	27	区代表22，地区長推薦5
鳳来北西部	18	3地区から各6名選出
作手	24	4地区から地区代表各2，地区推薦各2，各種団体から8

　どちらも，人口だけでなく，面積の大きさが重視されているが，これは，周辺部である旧作手村，旧鳳来町への配慮と見ることができる（表7‒4）．分配される予算による事業のあり方を審議する地域協議会の委員については，地域によって委員選出が異なるが，基本的に区長など地縁組織の代表，地域からの推薦者，各種団体からの委員が加わる場合が大半である（表7‒5）．委員の任期は原則2年で，報酬は1日3000円＋交通費である．2015年度の作手地域協議会委員は，各種団体として中学校PTA，小学校PTA，こども園保護者会，農協，森林組合，商工会，老人クラブ，消防団からの推薦者となっている．「これまでの長老の集まりになると想像していたが，単に区長の集まりになっていないのがいい」という評価があるように，地縁組織に限定されない委員構成になっていると考えられる．

　地域内分権とその具体的な手法としての地域自治区の目的は次の2つに分けることができる．合併した自治体における縮小された機能を代替するシステムとして，行政サービスの縮小へ対応するという消極的目的と，地域協議会の市町村長への意見表明権など，住民自治を向上させるという積極的目的である．ここでいう積極的目的に対しては，「地域自治区予算」の使い道を考える意識が高まるという点で高い評価が与えられている（樋下田，2015）．「地域協議会がない時代は，行政区の要望は各区長が単独で要望して終わりっていたが，協議

会で議論することで，それぞれの課題を知り情報共有できる．課題の表層を要望することで終わっていたが自治区予算などを考えることで，地区全体で摺り合わせて課題の根本を考えることに目が向くようになった[5]」という声に端的に示されるものである．

　もう1点，住民にゆだねるだけでなく，「地域自治区予算」のように，実施主体としての行政の責任も保持している制度であることに注意したい．行政の事業を住民におしつけ，自立を強いることにならなかった点は重要だろう．

▌ 6　作手地区のコミュニティ実践

　こうして，新城市の地域自治区制度は，人口減，合併により生じた様々な問題への活動支援につながっていく．ここでは，特に過疎化が深刻で，人口減少が進んでいた作手地区から見ていこう．作手地区では，小学校区ごとに4つのコミュニティ推進協議会が存在していたが，児童数が合併時の184人から2015年度は77人まで減少し，4つの小学校がひとつに統合されていた[6]．「若者を呼び込んで定住人口や交流人口をどう増やすか．そのために子どもを育てる環境をどう整えるか．他方，高齢化にどう対応するかといったところだと思う．その解決へ向けて，『地域自治区予算』をどう有効に活用するかが大事．どこかの区は道路の舗装のために充てたようだが，『そんなところへ使っちゃうの』と疑問に思った」というように，制度を積極的に活用しようという動きがみられる．

　表7-7は「地域活動交付金」の具体的な内容である．2014年度，125件申請

表7-6　作手地域協議会「地域自治区予算」（2014年度）（新城市HP）

事業名	事業目的	交付額（千円）
作手地域まちづくり計画（仮称）策定事業	作手地域活性化のための計画策定	3,500
つくでっ子元気事業	小中学生対象の講習会，講演会	500
地域活性化備品充実事業	簡易テント購入	498
防災倉庫備品充実事業	市指定避難所の備品充実	2,893
地域安心安全啓発事業	反射板設置	109

表7-7　作手地域協議会「地域活動交付金」(2014年度)(新城市HP)

団体名	事業名	事業目的	交付額(千円)
作手を考える会	いきいき作手芸能祭—北部地域の活性化—	4地区で「いきいき作手芸能祭」実施	266
学校跡地のあり方を考えよう会	つくでの森の広場づくり事業パートⅡ	旧菅守小跡地，周辺の整備を行い，地域の魅力をアピールする都市農村体験交流の機会を作る	300
作手高原の自然に親しむ会	作手中間湿原群の保護活動推進事業	次世代を担う小学生に主眼を置きながら，中間湿原群の保護活動の方向を模索	300
亀山城址・古宮川環境整備クラブ	亀山城址・イルミネーション・LED化事業	亀山城址のイルミネーションのLED化を行い，光で地域の活性化を図る	300
田代区	田代（荒原）百話編纂事業	田代（荒原）集落の醸し出す風土などの「地域力」に気づいてもらうことを目的に，集落の歴史や文化などを収録した冊子を編纂	180
作手川合区	公民館界隈ふれあい安心安全整備事業	区民の安心安全及び地域活動の活性化を図るため，公民館界隈の環境保全，環境美化，区民による区民のための交流を行う	300
南中河内区	東海・東南海地震・台風等への対策	災害用資材を整備し災害時の安全を確保する	300
つくで・いぃーらぁー	つくでの主役はあなたです	学区・世代を越えた交流の場として，ハロウィンパーティーを開催し，交流を通じてお互いの理解を深める	145
菅守を明るくする会	旧菅守小学校にイルミネーションを飾ろう	電飾文字で地域住民にメッセージを届け，コミュニケーションを図り，地域の活性化を目指す	300

で112件採択された．この「地域活動交付金」の採択は，地域協議会で審議されるが，作手地域協議会の場合，二次募集まで行いすべて採択されている．

　これを支えるもうひとつの柱が地域活動支援員制度である．これは，地域のまちづくりを支援するために，市職員幹部と希望した職員によるサポートである．もともとは管理職中心の地域担当制が導入されていたが，現在は有志で，3回の講座を受講し試験を受けたうえで登録している．地域活動支援員としての活動に時間外手当はつくものの，自主的な活動に対してはつかないという条件ではあるが，2014年には100名を超えた（全職員の約3分の1）．「地域活動支援員の前に導入されていた地域担当制度は，管理職が強制的に地区に割り付けられ，やらされ感が一杯で，職員からも地域からも評判が悪かった．地域活動支援員制度はやる気のある職員による制度に変わったため苦情等はない」という形で課題が解消されたと見ることができるだろう．さらに，2015年度からは自治区振興事務所長の市民任用も始まった（三浦，2021）．

こうした地域内分権をより一層進めることを目的として，2012年12月議会で自治基本条例・地域自治区条例が制定され，2013年4月に施行された．自治基本条例は年1回以上の「市民まちづくり集会」開催が義務づけられる．また，若者の参加を重点的に促す施策も開始（時事通信社編，2015）され，2015年4月より「新城市若者議会条例」が施行された．この若者議会は，3期目の穂積市政の中心的位置づけであり，この背景には，消滅可能性都市の議論があった．新城市が位置する東三河では，東三河8市町村による広域連合を結成し，合併でない形での合理化を進めることが決定された．中央からの分配が望めない中，自治体が全ての行政機能を完備するフルセット主義の困難（矢作，2015）への対応と見ることができる．「合併後の特例以降，一般会計200億のうち10億を削減する必要がある」中で，周辺部への資源の分配と，自治組織再編を軸とした，「選択と集中」とは異なる制度的保障ということができるだろう．

このように新城市では，地域自治区制度導入によって，周辺地域への予算・権限の移譲を行い，周辺からの撤退や「選択と集中」とは異なる持続的な地域存続を目指している．ここから見えてくるのは，「先取りされた縮小」という形で人口縮小を見据えつつ，その対策として周辺部を含めた地域への予算・権限の移譲と，少子化対策と定住化促進を地域参加の制度化によって進めている点である．地方消滅論のように危機を煽るのではなく，また，「選択と集中」や増田編著（2014）が提起するモデルとは異なる，地域コミュニティを再編し支える制度，コミュニティ実践の基盤を制度的に追及するあり方が見いだされる．

もう1点，権限の移譲という点がある．近年の議論で重視されるのは，それまで自治体が持っていた権限がどの程度市民に移譲されるかである（玉野，2006：150-1）．地域コミュニティの制度的なあり方を考える上で，制度論と権力論は不可欠であり，住民にどの程度権限を与えるかという，住民の自発性と制度との関係（山崎編著，2014）が重要となる．社会的基盤の弱体化を見越して，自治組織再編と資源の分配をセットにしつつ，地域への権限・資源の分配による周辺地域の活性化を目指す新城市の取り組みからは，地方消滅論に対抗する地域コミュニティを基盤とした道筋を展望していくことが可能と思われる．

7　日本一若いまちの地域コミュニティ

　新城市とはきわめて対照的な条件ではあるが，人口減少をあえて意識し，地域コミュニティ再編の制度を中心に据えたまちづくりを進める長久手市について見ていこう．長久手市の知名度が一気に高まったのは，2005年に開催された万博「愛・地球博」の会場となってからである．それに加え，ここ数年は，「日本一若いまち」として知られるようになった．2010年から2015年にかけての人口増加率は10.7％と極めて高く，特に若い世代の人口増加が進むことで，住民の平均年齢が40.2歳（2020年「国勢調査」）という，全国で最も若いまちとなったのである．日本社会全体が人口減少局面に入るなかで，その動きに逆行する驚くべき地域のように感じられるだろう．人口を増やすことを目的とした優遇施策やシティプロモーションなどで悪戦苦闘を強いられる多くの地方自治体からすれば，長久手市の異例とも言える人口の伸び率を目にすると，若い人口に支えられて順調に発展していくまちとして，まぶしい存在に見えてくるはずだ．

　ではなぜ，長久手市は人口増加を続けているのだろうか．その最大の要因として，西に2027年のリニア中央新幹線開業を控えて好景気が予想される名古屋市，東には日本経済を牽引するトヨタ自動車本社のある豊田市に挟まれているという立地上の特性がある．1971年の町制施行以降，地道な区画整理事業によって宅地開発が進められた結果，1970年に1万1000人を超える程度だった人口は急激に増加し，約半世紀の間に，実に5倍の5万6000人を超える規模にまで拡大し，高齢化率も低い．こうした基盤のもとで，長久手市の人口増加が持続的に進んだ要因として，名古屋市東部に隣接する利便性，ベッドタウンとして宅地化開発による生産年齢人口の流入，富裕度・快適度，学園都市・文化施設・自然環境の充実が指摘されている（熊谷，2018：75）．

　長久手市の活力は人口の「量」的な増大にのみあるわけではない．まちとしての「質」的な充実ぶりは，市内を東西に貫く「グリーンロード」を歩くことで感じることができる．2005年の「愛・地球博」を契機に開業した磁気浮上式鉄道「リニモ」が頭上を走るメインロード沿いには，2016年に「イオンモール長久手」，2017年には「イケア長久手」がオープンするなど，大型商業施設が

一気に開業した．万博会場跡地の愛・地球博記念公園には，スタジオジブリの作品をモチーフにした「ジブリパーク」が2022年度に開業予定と，ここ数年来の動きは目覚ましいものがある．人口増加に対応した大型商業施設の進出や，学校，公園などの整備により，生活環境の「質」が整えられた成果として，2015年「日本経済新聞」「子育てをしやすいまち」ランキング1位，2016年の「日経ビジネス」「活力ある都市ランキング」3位，2018年東洋経済新報社「住みよさランキング」2位というように，各種都市ランキングにおいて華々しい評価をたたき出すことになった．これらのランキングは，生活面での利便性や快適度など様々な指標による評価であり，長久手市の生活面での「質」の豊かさを表すものと言える．こうした豊かさは，長久手市による都市整備，安心・安全のまちづくり，市民の力を生かすまちづくり，大学連携，市民主体の計画づくり，子育て支援，住環境の整備によるものと評価されている（小林・廣瀬，2019）．

　以上の点からすると，長久手市には何の課題もなく，明るい将来が約束されているように見えるだろう．しかし，長久手市で地域コミュニティの活動にかかわる人びとの声からは，そんな能天気な明るさは聞こえてこない．むしろ，不思議なほどの緊張感に包まれている．それは，単純に明るい展望のみを描くことができないためである．実際，長久手市の人口動態を注意深く見ていくと，1970年代以降の多摩をはじめとしたニュータウンの動向との類似性に気づかされる．ここから予測されるのは，長久手市では2035年頃まで人口増加が続くものの，その直後から急激に高齢化が進み，全国のニュータウンで問題となっている高齢化，空き家の発生，地域コミュニティの衰退などの問題が，短期間に，集約される形で押し寄せることだ．

　このような問題も，現在の市の豊かさで乗り切れるのではないかと思われるかもしれない．しかし，一般にベッドタウン型の都市は，人口増による一定の税収の伸びや，大型商業施設の開店による地域経済への効果・税収増はあるものの，自動車産業を中心とする大規模な製造業集積地である愛知県西三河地域の自治体のようには，法人市民税の大幅な増収を見込むことができない．逆に，人口増によって若い世代に対応した生活基盤整備や，高齢化が一気に進む際の多額の歳出増に対する懸念が大きい．人口をめぐる問題としては，近年の人口

増の裏返しとして，数十年後に一気に高齢化し，現在のニュータウンをめぐる状況となることが，すでに懸念されているのだ．これは，企業の立地が進んでいるわけではないため，法人税収入は見込むことができないという，「ベッドタウン型」の地域の持つ問題（増田編著，2014）といえる．

8　長久手市の地域コミュニティへの注目

　こうしたなかで長久手市が進めている政策は，地域コミュニティの基盤が弱まる中で，新たにその再構築を進めることによって，将来の深刻な課題解決を先取りするための布石である．2016年6月に「ニッポン一億総活躍プラン」が閣議決定された後，厚生労働省を中心に，地域住民や地域の多様な主体が「我が事」として参画し，世代や分野を超えて「丸ごと」つながること地域づくりを行う「地域共生社会」の取り組みが推進されているが，推進のための第1回全国サミットが，2018年10月に長久手市を会場として開催されたことは示唆的である．それは，長久手市が今後の地域課題を先取りしつつ，地域の課題を地域住民の参加によって自ら解決していく方向性を模索している点に求められるだろう．近隣関係など地域コミュニティ基盤の弱体化が進む中で，吉田市長は「わずらわしいまち」の再構築を提唱している（吉田，2017）．一見するとネガティブなひびきを持つ「わずらわしい」関係をあえて前面に打ち出すことで，住民たちが協力するためのしくみづくりを施策として進める意図が込められている．地域住民の参加，共同性の再構築という，ある意味で新規性に乏しいものに見えるかもしれない．しかし，そのビジョンや取り組みの進め方はとても興味深いものがある．現在の人口増加に対応した積極的な投資ではなく，将来の人口減少と急激な高齢化を視野に入れ，小学校区を単位とした住民参加・協働のまちづくりを進めているのだ．

　こうした長久手市の取り組みの経緯を振り返ってみると，2012年6月に「日本一の福祉のまち」の実現という公約のもと，『新しいまちづくり行程表』によってその後の方向性が打ち出されている．ここでは「住民の力を生かした新しい役割分担のしくみをつくる」「元気なリタイヤ人をはじめ，主婦，若者，高齢者など幅広くボランティア活動への積極的な参加を目指す」というように，「地

域参加」が強調されている．住民ひとりひとりの居場所がある＝たつせがない人がいないとする方針に基づき，2012年4月には「たつせがある課」を新設し，同年7月には企画政策課の一部と市民協働課の全業務を担う体制がとられた．これにともない，市の政策，計画策定において，コンサルを使わず，住民がワークショップ型で議論する委員会運営が徹底されている（吉村，2017）．2019年3月の「長久手市第6次総合計画」は，市民とのワークショップを中心に，すべて市の担当者の手作りで，市民と協働のもとに策定された．

　もちろん，住民参加に期待することが現実的なのかという疑問も浮かぶ．実際，長久手市の自治会加入率は，2004年の60.3％から2017年には53.8％に減少し，愛知県内最低の水準である．特に人口増加が進む名古屋市に隣接する西部地域では4割を下回っている．地縁組織だけでなく，ボランティアについては，ここ数年は登録人数，登録グループ数とも減少傾向であり，子ども会の解散なども目に付くようになった．意識調査レベルで見ても，「平成28年度長久手市市民意識調査」（長久手市編，2017）では，過去3年間の市民活動への参加は「参加した」が53.6％である．今後の地域活動，ボランティア，NPO活動に「参加したい」は37.6％で，「参加したくない」56.9％を下回る．地域とのつながり意識の低さ，困ったときの相談相手は市外という，市民意識が見られることも指摘されている（草郷，2015）．このように，人口増とともに進行する地域活動への参加，地縁関係の希薄化が課題となっているわけだが，こうした不利な条件のなかでクローズアップされるのが，コミュニティソーシャルワーカー（CSW）による地域コミュニティ形成である．

　CSWは，「個別支援，地域支援の両方の役割を果たしながら，既存の制度にはつながらない問題を明確にし，課題化し，解決につながるしくみを構築していくところこそが，既存の社協ワーカー，地域包括支援センター職員の枠組みを超えた役割」とされる（野村総合研究所編，2013:109）．2000年代に入り，大阪府，横浜市，千葉県などでCSWの導入が進み，大阪府では，「大阪府地域福祉支援計画」（2003年），「大阪府健康福祉アクションプログラム」（2004年）により，その積極的な導入が進められた（室田，2012；松端，2018）．その中でも有名なのが，3章でも取り上げた小学校区単位の校区福祉委員会を基盤に，行事中心から個別支援のできるボランティア組織要請を進めた大阪府豊中市の事例である（勝

部，2014，2016）．東京都社会福祉協議会でも2010年から「地域福祉コーディネーター養成等検討委員会」が設置される（和田，2018：185）など，近年では全国的にその導入が見られるようになり，2012年に実施された野村総合研究所による全国調査では，おおよそ6割の自治体でCSWが配置されていることが明らかになっている（野村総合研究所編，2013）．国レベルでも，2016年の厚生労働省「地域力強化検討会」中間とりまとめ『地域における住民主体の課題解決強化・相談支援体制の在り方に関する検討会』において，社会福祉協議会の地区担当（CSW）によって，住民の主体的な課題の把握と解決する体制づくりにかかわる役割が位置付けられている（和田，2018：184）．

　こうした中で長久手市では，地域福祉の実現を目標とする地域福祉圏域を小学校区と定め，地域福祉圏域ごとにCSWを配置し，CSW活動を地域福祉推進の中心と位置づける「地域共生社会」への対応が進められている．地縁組織の加入率や，コミュニティ資源の乏しさなど，地域コミュニティ形成の条件が必ずしも満たされていない地域における，CSWによる地域コミュニティ形成が目指されているのだ．長久手市では，市民意識調査でCSWの配置の必要性が9割を超えた（佐野・松宮，2013：26-7）ことを受け，「地域において，支援を必要とする人の援助を行うとともに，地域を基盤とする支援活動を発見して支援を必要とする人に結びつけたり，新たなサービスを開発したり，公的制度との関係を調整したりするコーディネートを行う専門職」（長久手市・社会福祉法人長久手市社会福祉協議会編，2014：135）としてCSWを設置した．CSWは地域福祉の実現を目標とする地域福祉圏域である「小学校」ごとに配置され，地域福祉推進の中心として，各種専門相談員，相談機関と連携し，地域における相談体制

表7-8　長久手市小学校区の地域コミュニティ

小学校区	長久手	西	東	北	南	市が洞
高齢化率（2015）%	19.5	16.9	21.8	14.6	13.7	11.6
自治会加入率（2016）%	65.3	39.8	74.2	60.6	45.1	56.2
地域共生ステーション	なし	設置	なし	設置	設置	設置
まちづくり協議会	なし	設置	なし	設置	準備中	設置
地区社協	設置	設置	設置	設置	設置	設置

を確立，CSWを核とした地域におけるケースマネジメント体制構築を目指している．6つの小学校区のうち，2014年4月に西小学校区に配置後，2020年4月現在で5名体制となっている（表7-8）．

　さらに，6つの小学校区に「まちづくり協議会」を設け，校区単位で各団体が集まることができる場をつくり，それぞれの課題を話し合ってもらい，その結果を受けて市が予算を付けて事業化する取り組みが進む．長期的な人口縮小傾向をあえて先取りし，小学校区ごとに「地域共生ステーション」を設置し，地区社協，まちづくり協議会の設置，住民が諸施策の運営に参画することにより，人口減少，高齢化に対応することを模索している．「地域共生ステーション」，地区社協を拠点とした活動の推進役として期待されるのが，CSWの役割である（加藤・松宮，2020）．

　この方針は，直近の長久手市予算編成にも貫かれている．2019年度当初予算では，前年度比5.5%増の200億円超の一般会計予算が組まれた．各小学校区の拠点である「地域共生ステーション」整備費などに5億円以上を計上している点に注意したい．[7]「地域共生ステーション」とは，小学校区ごとに住民が地域づくりに参加する拠点とする施設で，2013年から現在まで全6小学校区のうち4小学校区で設置されている．この拠点をベースに，地域づくりにかかわる諸団体や地域住民が協働するためのまちづくり協議会と地区社協による組織づくりを進め，さらに地域の悩み事を包括的に把握し，地域での解決につなげる専門職であるCSWを配置することにより，福祉を中心としたまちづくりが展開されている．

　もっとも，近隣関係など地域コミュニティ基盤の弱体化が進む中で，住民の参加，支え合いのしくみに期待を寄せることは無謀にも見えてしまうだろう．もちろん，市としても，総合的な相談体制を整備しつつ，「悩みごと相談室」に配置された2名の訪問職員による戸別訪問も実施され，CSWと連携しつつ，包括的支援システムづくりを目指しており（呉・川島，2021），行政が地域コミュニティの基盤を作ることを放棄しているわけではない．

　長久手市の目指す方向性は，地域住民の参加，共同性の再構築である．現在の人口増加に対応した積極的な投資ではなく，将来の人口減少と急激な高齢化を視野に入れ，小学校区を単位とした住民参加・協働のまちづくりを進めてい

る．このように，人口減少や財政難が深刻でないにもかかわらず，縮小を前提とした地域施策の導入が目指されている点が注目される．次章では，長久手市の地域コミュニティ，コミュニティ実践について，さらに分析を進めていきたい．

注 ────────────────────────────────

1）https://www.pref.aichi.jp/uploaded/attachment/56637.pdf（2021年9月30日確認）.

2）http://www.vill.toyone.aichi.jp/right/jinkou.htmll（2021年9月30日確認）.

3）2014年8月の新城市職員への聞き取り．以下の内容は，当日の聞き取り調査による．

4）https://www.city.shinshiro.lg.jp/kurashi/chiikijichiku/chiiki-jichiku.html（2021年9月30日確認）.

5）2015年8月13日，新城市地域協議会委員からの聞き取り.

6）『中日新聞』2015年1月27日.

7）『中日新聞』2019年2月5日.

8 章

地域コミュニティをつくる

┃ 1　地域コミュニティのストレングス

　地域コミュニティをつくる，というのは，本来矛盾した表現である．マッキー
バー (1975) の著名な定義にあるように，特定の目的，関心を実現するための
組織としてのアソシエーションに対して，コミュニティは「自然発生的共同社
会」とされる．コミュニティは意図的に作り出されるというよりも，自然に発
生するというニュアンスが込められている．しかし，現実問題としては，縮小
社会化，都市化など地域コミュニティの基盤が弱まるなかで，どのように地域
コミュニティを新たに創出するかが課題となっている．

　こうしたなかで注目されるのが，地域コミュニティの「ないもの」ではなく
「あるもの」を，「弱み」ではなく「強み」を見ていこうというストレングスモ
デルである．地域コミュニティをつくるために，近年の地域コミュニティ形成
をめぐる議論においては，当該地域におけるソーシャル・キャピタル，コミュ
ニティ資源，自治的基盤など，何らかの有用な資源に注目し，そこから地域コ
ミュニティ形成を展望することが主流となっている．ここでは，「地域におけ
る個人や地域社会が秘めるストレングスを発見することに焦点をあてることに
力点を置」く地域アセスメント (高木，2016：35) をもとにした，地域のストレ
ングスモデルが焦点化されることになる．地域コミュニティ形成のために活用
できる「強み」，ストレングスを探る方法論が採られており，コミュニティ実
践の現場においても，こうした地域コミュニティの「強み」を探る住民のワー
クショップが主流の方法として活用されるようになっている．

　もっとも，ここで注意しなければならないのは，強いコミュニティ基盤のあるところに地域コミュニティが形成されるという，トートロジカルな議論に陥る問題を孕んでいることである．これまでの都市社会学を中心としたコミュニティ論の実証的知見を踏まえてみた場合，このようなシナリオか容易ではないことはすぐに想像がつくはずだ．町内会・自治会など加入率低下が進み，「親密な絆」が地域コミュニティから解放され，弱体化が進むという趨勢の中では厳しい課題であり，既存の地域コミュニティに対する過大な期待と見ることができるかもしれない．したがって，こうした地域コミュニティの再生を自然なプロセスにゆだねることは難しい．

　それでは，ソーシャル・キャピタルの基盤が乏しいような，その意味では「強み」に欠けた，ストレングスを見いだすことが困難な条件のもとで，地域コミュニティ形成はどのような形で可能なのだろうか．本章では，前章に続き，コミュニティソーシャルワーカー（CSW）の実践による地域コミュニティ形成に注目する．「地域共生社会」推進施策のモデルのひとつとなった長久手市の事例分析から，この課題にアプローチしたい．まずは，その前提となる近年の地域福祉政策の動向から確認しておこう．

2　地域福祉政策とコミュニティソーシャルワーカーの活動

　1章で見てきたように，さまざまな福祉的ニーズを地域コミュニティに押し付け，その解決を強いるという問題が批判される．こうした批判に対して，一方的に地域コミュニティにゆだね，課題解決を押し付けるのではなく，地域コミュニティ形成に寄与し，その課題解決力を高めることを促すCSWによる地域コミュニティ形成が注目されつつある(河合,2018)．本章の課題である，コミュニティ資源が少ない地域での地域コミュニティ形成とも関連するが，地域コミュニティの形成を自然なプロセスにゆだねることは困難であり，課題解決力を高めるために，高齢者の社会的孤立，若者のひきこもりなど，さまざまな社会的課題に対して，社会的ニーズを地域の課題に引きつけて解決する専門職としてCSWが注目されているのだ．

　この問題を，地域コミュニティ形成と福祉コミュニティをめぐる議論に引き

付けて考えてみたい．福祉コミュニティと地縁組織の再編は，地域コミュニティ
形成をめぐる議論における柱のひとつとなっている（高木，2018）．しかし，こ
うした主張には奥田理論をベースにした岡村理論の影響のもとで，「強い市民」
が焦点化されていることの問題が指摘される（武川，2006）．すなわち，主体的
に地域参加が可能な「強い市民」を福祉コミュニティの担い手として位置付け
ることで，「弱い市民」に対する視点が不十分となる問題である（石田，2015）．
ここでの問題関心からすれば，この「弱い市民」こそが重要である．CSWに
よる取り組みにより，福祉コミュニティの議論における「弱い市民」の参画可
能性をどのように促進することができるか，そして，冒頭に示した地域コミュ
ニティのストレングスモデルに対して，コミュニティ資源が乏しい地域におけ
る資源創出，エンパワメント（狭間，2016）がどのように可能となるが，7章で
見てきた長久手市の地域コミュニティへの取り組みは，こうした課題への解決
策を示すものと考えられる．

3　長久手市での取り組み

　長久手市では，地域コミュニティを基盤にするまちづくりに対して，その条
件，資源が乏しいことが課題となっていた．これに対して，「第1次長久手市
地域福祉計画・長久手市地域福祉活動計画」における社会福祉協議会の実施す
る重点プロジェクトとして，①地区社協の設置，②「見守りサポーター」の
養成，③地域交流のつどい・サロン活動の支援の3つが進められ，「つながり」，
「人」，「居場所」の三本柱として，地域福祉活動を行っていくことが示されて
いる．これらの取り組みについて，CSWによる地域コミュニティ創出という
観点から検討しておこう．

　CSWの活動実績としては，2019年度の相談件数3280ケース，アウトリーチ
1723件，担い手活用した相談事例20事例，個別支援に関わった方の力を借りた
地域支援4回となっている．CSWによる地域コミュニティへの参画，課題解
決につながる方法を模索しているわけだが，コミュニティ実践の活動主体を創
出する取り組みが，「見守りサポーター」の養成事業である．この事業は，「ひ
とり暮らし高齢者や75歳以上高齢者世帯の見守り，虐待や見守りが必要な人の

早期発見を担う地域のアンテナ役となる『見守りサポーター　ながくて』を養成し，新しい見守り体制をつくることで，地域のつながりの再構築を目指」（長久手市・長久手市社会福祉協議会編，2014：68）すものである．「地域に見守りサポーターを養成し，地区社協の構成員としてさまざまな角度から，より多くの人の目で見守りができるようなシステムを構築」（長久手市・長久手市社会福祉協議会編，2014：62）することが推進されている．主な活動内容は，気になる方や援助や支援が心配な方を発見した時に，社会福祉協議会又は地域の民生委員・児童委員に連絡するものである．サポーターは初級，中級，上級と 3 クラスに分かれている．

　　初級：中学生以上で，初級の養成講座を受講した者を対象とし，誰もが住
　　　　　みなれた地域で安心して暮らせるために，積極的にあいさつをした
　　　　　り声かけ運動を行い，困っている人，気になる人をみかけたら連絡
　　　　　をする地域のアンテナ役
　　中級：初級修了者，民生委員・児童委員及び自治会等から推薦のあった者
　　　　　で，中級の養成講座を受講した者を対象とし，初級の活動に加え，
　　　　　地域のサロン活動の支援や，地区社協の部会員として活動する役割
　　上級：中級講座修了者，民生委員・児童委員及び自治会等から推薦のあっ
　　　　　た者で，上級の養成講座を受講した者を対象とし，自宅近隣の見守
　　　　　り活動や社協からの依頼による訪問活動，地区社協の中心的役割と
　　　　　して地域での福祉講話など推進活動をする役割

　2018年 3 月の段階で，初級は1185名，中級は154名，上級は35名の受講があった．これまで，「見守りサポーター」による徘徊高齢者の見守りや，介護保険サービス利用中の独居高齢者に対するサービス利用日以外の日の見守り・安否確認のための訪問，精神疾患のある方の不安軽減のための訪問，精神疾患のある方と近隣住民とのトラブルに対する近隣住民の不安軽減や状況変化等の把握のための訪問などのケースが見られた．また，「見守りサポーター」より相談のあった介護保険サービス利用拒否の独居高齢者に対して，CSWがアウトリーチにより複数回訪問し信頼関係を構築した上で，生活支援の観点から「見守りサポーター」やボランティアとともに草刈りを行うことで，見守り体制構築を行った

ケースもあった．CSWが「見守り」を養成し，同時に個別支援において「見守りサポーター」と相談者とをマッチングし，マネジメントしていくことで，地域コミュニティ構築に向けての基盤のひとつを形成しつつある．

　この事業は，2018年10月より，中級（上級）が「生活支援サポーター」に再編され，サロン，地区社協におけるインフォーマルサービスの担い手としてさらなる進展が目指されるようになっている．高齢者，障害者を中心に，日常生活での見守り，声かけを行う「ご近所パートナー」への展開も進んでいる．この事業については，CSWによるサポートのもと，2019年度は19件のマッチング依頼があり，その内，5件への新規マッチングが完了した．その内訳としては，独居高齢者（日中独居含む）の話し相手・見守り4件，精神障害を持つ複合世帯の子どもに対する服薬確認・話し相手1件となっている．生活支援サポーターの2019年度活動実績は，見守りサポーター中級・上級から移行した人を含め，全登録者数が194名であり，活動のための「登録票」提出者は87名となっていた．生活支援コーディネーターによる活動マッチングを行うことのできた実働サポーターは12名で，空きスペース（元喫茶店）を活用した麻雀サロンの運営補助1名，空きスペースを活用したサロン（居場所・体操）の運営補助1名，民間企業の空きスペースを活用した体操教室の運営補助2名，障害者サロンの運営補助（企画立案，当日の運営）3名，デイサービスでのボランティア（傾聴）2名，スマホ教室でのボランティア2名，病院入院中の高校生の学習支援1名となっている（加藤・松宮，2020）．

4　CSWによる地域コミュニティ実践

　これまで見てきたように，長久手市では，人口増にもかかわらず，将来の人口減を見越した地域再編の取り組みが行われている．福祉政策としての「地域共生社会」推進を活用する形で地域コミュニティ形成を行う取り組みである．人口減少や，財政難などが深刻化していないとはいえ，2035年をピークとして人口が減少し，高齢化が進み多額の予算が必要となるなかで，（想定される）予算減，それを「地域参加」の必要性というロジックにより，地域コミュニティ形成を促す自治体のコミュニティ政策とみることができる．ここで問題となる

のは，長久手市において地域コミュニティ形成の基盤，資源など「強み」が欠けていることである．

　こうした課題に対して重要な役割を果たしているのが，前節でみてきたCSWの実践である．CSWは，担当小校区の全戸訪問（アウトリーチ），「見守りサポーター」の養成，地域福祉学習会，地区社協の各テーマ部会やサロンなど早期発見のための場作りを行い，そこで発見され，CSWに情報がつながったケースに対しては，各種相談機関につなげ，CSWが継続的に面接を行うことにより解決に向けての取り組みを進める．その後，地域で支え続けるしくみとして，「見守りサポーター」上級（現「生活支援サポーター」）のマッチング，マネジメントを行う．このように，CSWがコミュニティ資源を創出し，地域コミュニティによる課題解決力を高めている点に注意したい．

　このようなCSWを基盤とした地域コミュニティ形成の意義は，福祉コミュニティをめぐる議論で焦点化される「弱い市民」の参画促進である．長久手市の取り組みでは，「見守りサポーター」など，地域参加の少ない住民層の参加を目的とした取り組みを進めている．CSWと連携した「見守りサポーター」の養成により，主体的に地域参加する「強い市民」層だけでなく，新たに参加する層を地域福祉活動の主体としての参画を促すしくみである．アウトリーチ機能を高め，「弱い市民」が地域コミュニティ活動に参画することをCSWがサポートする点に注意したい．資源がない地域に対しての資源創出，エンパワメントである．サロン活動など地域住民の交流の場づくり，見守りの場としての機能創出，「地域福祉学習会」により裾野を拡げ，支援を受ける側が，支援する側へと転換を促す取り組みである．こうしたコミュニティ資源創出から，地域コミュニティ形成を進めることが目指されているのだ．

　以上の点から，長久手市のCSWによる地域コミュニティ形成において，コミュニティ資源が薄く，いわゆる「強み」，ストレングスのない条件においても，地域コミュニティを形成する方法の一端を見いだすことができる．今後，「地域共生社会」推進政策において，多くの地域で，決して潤沢とはいえないソーシャル・キャピタルや自治的基盤のなかで，地域コミュニティに課題解決を求める動きが強まることが予想される．長久手市の地域福祉を基盤としたCSWによる地域コミュニティ形成は，こうした課題に対して一定の展開可能性を示

唆するものと思われる.

┃ 5　喫茶店という「サードプレイス」

　もうひとつ長久手市の地域コミュニティ創出において，重要な課題となって
いたのが，長久手市の地縁組織への加入率の低さである．その要因のひとつと
して人口急増と新住民と旧住民の対立の問題であり，これは長久手市における
既存研究でも指摘されてきた問題であり（山野，2007），後述する市内の喫茶店
でのインタビュー調査でも，次のような指摘がなされていた．

　　　30年住んでいるが，よそ者はなかなか入っていけない．自分は外様で，
　　長久手はむつかしいところがある．（男性70代）

　こうした対立は，地縁組織を中心とした地域への「参加」を考える際には重
要な課題と言えよう．これに対して，長久手市内の一部の地区自治組織では，
地域住民が参加しやすいような役員選出の公正化，会計の積極的公開などが進
められてきた（谷沢，2002）が，地縁団体への加入率の低下は続いている．
　こうした課題に対してどのように向き合うべきか，地域福祉の推進を目指す
場を検討するなかで，地域コミュニティをつくりだす，コミュニティ実践が形
成される可能性について，長久手市の地域福祉にかかわる担当職員と研修を実
施することとなった．ここでは，出会う場，かかわる場としての空間としての
喫茶店文化に注目した．
　これはなにも突拍子もないアイディアというわけではない．5章と6章で論
じてきたように，「孤独死」や「無縁社会」に象徴的に示される都市部での孤
立問題に対して，地縁関係の縮小，孤立する人びとの増大という前提のもとで，
いかに新たな社会関係を構築するかが課題となっている．そしてこれは，都市
社会学を中心としたコミュニティ論の文脈からみると，専門処理システムへの
依存にともなう生活の個人化によって孤立が増大することへの対応という，こ
れまでも一貫して考えられてきた中心的課題であり続けた．ここでは，既存の
社会関係を強化するだけなく，新たな社会関係をどのように形成するかという
点に関心が向けられている．これまでのところ，その方法としては，自治会・

町内会などの地縁組織や，ボランティア，NPOなどへの参加をうながすことが中心的に考えられてきたといっていいだろう．しかし，近年ではこうした活動への参加という点だけでなく，新たな社会関係を形成する社会空間への注目が見られるようになってきた．これは，都市部における相互扶助的な関係形成だけでなく，都市部で形成されてきた専門的な消費サービスがどのように共同性を生み出す社会空間となるのかという問題関心に基づくものである．このような問題関心からは，都市が供給する多様な専門的消費サービスに対する諸個人の選好によって形成された行為のパターンである「消費的生活様式」が，友人会食頻度を指標とするように（李，2006：104），飲食業の利用に目が向けられることが多い．

　こうした関心から脚光を浴びつつある概念が「サードプレイス」である．「サードプレイス」とは，アメリカ社会において「インフォーマルな公共の集いの場」が喪失されていることに対する解決策としてオルデンバーグによって提起された概念である．オルデンバーグは第一の場：家，第二の場：職場に対して，第三の場である「サードプレイス」を，「インフォーマルな公共生活の中核的環境」とする（オルデンバーグ，2013：59）．この「サードプレイス」は，あらゆる人を受け入れる地元密着型の社会空間であり，近隣住民を団結させる機能，来訪者を元からのメンバーと引き合わせる機能，コミュニティのためのリーダーを作り出す機能，参加型娯楽の場を用意する機能，政治討議の場，知的討論の場，オフィスとしての機能を持ち，居酒屋，パブ，公園，カフェなどが具体的な事例として挙げられている．

　日本の都市社会学の議論からすれば，磯村英一による「第三空間」が想起される（西野，2010）．磯村は，住居を中心にした家庭である第一空間（生活空間），仕事を中心にした職場である第二空間（生産空間），レクリエーションのための空間である第三空間（大衆空間）の分化を指摘した上で，都市を人間解放の場にするものとして「第三空間」に着目し，家庭，職場と異なる，匿名であり，身分から解放され，金銭的条件がかなえば平等感を味わえる空間ととらえたのである（磯村，1968：54-64）．このように，「サードプレイス」と「第三空間」は，それが指し示す社会的な領域の定義としても，自由で開放性を持つ公共空間としての意味づけにおいても，極めて類似したものである．

　ところで，こうした「サードプレイス」に関する研究では，意外なほど居酒屋[1]や既存の喫茶店を対象とした研究が少ないことに気づかされる．これは，コミュニティカフェのように社会関係創出を目的に意図的に作り出された社会空間への注目が多いためだと思われる．これに対して本章では，地域コミュニティをつくり出す場として，既存の喫茶店に焦点を当て，喫茶店という社会空間において来客者がどのように関係を形成し，そこでの関係がどのような機能を果たしているのかを明らかにしたい．

　ここで愛知県を中心とする中京圏の喫茶店文化について見ておこう．総務省「家計調査」によると，2014〜2016年の平均で1世帯あたりの喫茶代の年間支出金額は，岐阜市が1万5018円と最も多く，次いで名古屋市（1万2945円）と，全国平均の6045円を大きく上回っている[2]．名古屋市の一般飲食店に占める喫茶店の割合は全国で最も高く，千人あたりの喫茶店数も，高知県，岐阜県に次いで愛知県は全国で第3位である．1986年をピークに喫茶店数が減少しているものの，「名古屋方式」「愛知方式」と呼ばれる独自のサービスが展開される喫茶店文化により，多くの来客者を引きつけていることによるものだ．この「名古屋方式」「愛知方式」とは，比較的安価にコーヒー代金が設定され，開店から11時頃までコーヒーの代金のみでパン，卵などが付く「モーニング」のサービスが実施されるものである．これに加え，独特の「チケットサービス」があり，コーヒーチケットの綴りを店に預けることで，リピーターの確保につなげているのが特色である（山元，2010；大竹，2010）．

　ではなぜ，中京圏を中心に独特の喫茶店文化が生まれ根づいたのだろうか．その中心となる「モーニング」サービスの発祥自体は，豊橋説，一宮説などが有力とされるが，これまでの研究では，中京圏が発祥とは言えないものの，中京圏で定着したものというのが定説となっている（山元，2010：80）．また，中京圏の喫茶店は都市中心部だけでなく，郊外にも多く見られることが指摘されており（山元，2010），本章で事例として取り上げる長久手市の喫茶店もこのタイプのものである[3]．

　では，喫茶店の利用と喫茶店における社会関係の形成についてはどのようにとらえられてきたのだろうか．オルデンバーグ（2013）による「サードプレイス」論，および，この概念を用いた日本での研究は，家庭や職場での関係を超えた

社会関係形成をうながす社会空間として喫茶店に着目している．こうした観点からは，喫茶店がソーシャルキャピタル構築に寄与することが明らかにされてきた（田中，梅崎，2012）．また，名古屋市内の喫茶店を利用した認知症高齢者支援のように，中京圏の喫茶店文化の持つ社会関係形成機能を活かそうとする実践的研究もみられる（井・町上，2013）．

　もっとも，こうした期待は，欧米でのカフェ，コーヒーショップが生み出す公共圏を前提にしたことによるのかもしれない．これに対して，日本の喫茶店では，社会関係を形成する場というよりも，むしろひとりでいることが重要な意味を持つことが指摘されている（White，2012）．アメリカやヨーロッパと異なる日本独自の喫茶店のあり方に注意をうながした上で，日本の喫茶店は他者と交流するよりもひとりでいることを望む場であり，店主との「弱い絆」が多い点で「サードプレイス」とは異なるというのだ．ただしWhite（2012）の議論は，東京，京都の主に都心部の喫茶店の分析からこの点を指摘しているため，本章で焦点を当てる中京圏の喫茶店文化とは異なる可能性がある．その点を考慮しつつ，喫茶店がどのような社会関係を構築するのか／しないのかという点については見解が分かれており，検証が必要な点と言えよう．

▌6　長久手市喫茶店調査から

　筆者は2013年12月から，「地域活動への住民の参加をどのようにして増やすことができるか」という，コミュニティ実践の展開可能性を探ることを目的とした長久手市の政策課題を受ける形で，長久手市役所の職員と学生とともに市内の喫茶店を訪問し，来客者のインタビュー調査を実施した．本調査では，長久手市内にある23の喫茶店で聞き取りを行っている．喫茶店の選定は，長久手市内にあり9時台から営業していること，モーニングサービスを実施していること，一般飲食店ではなく喫茶営業をメインにしていることを基準とし，28店舗をピックアップした．この条件を満たす中に，スターバックス，ドトールなどセルフ式コーヒーショップは入っていない．28店舗へは長久手市担当者が調査を依頼し，そのうち23店舗で調査の許可を得ることができた．調査拒否の理由は，該当する高齢者の来客がないことや，長久手市内在住の利用客が少ない

というものであった.

　調査の時間帯は, 平日の午前 8 時30分から11時30分とした. 8 時30分からとしたのは, 相対的に年齢の高い層を対象とした今回の調査において, 出勤前の若い世代が多い時間帯を避けたためである. また, 11時30分までとした理由は, ランチの時間帯となり混雑が予想されたことによる. 調査の手順は, 調査担当者が店主の許可を得た上で来客者に依頼した場合と, 店主から紹介していただく場合があった. 前者については, 「話したくない」, 「長久手市在住ではないので」という理由で調査を拒否されたケースがあったが, 全体でも10件程度であり, 222名の方からお話しをうかがうことが可能となった (表8-1).

　まず, 来客者について見ていこう. 喫茶店来店は, 「毎日, ほぼ毎日」が37.4%, 「週 1 ～ 3 回」が43.7%と, 合わせて 8 割を超えている. 週に複数回喫茶店を利用する来客者が多い. 一緒に来店する人は, 「友人と」が41.0%で最

表 8 - 1　喫茶店来客者

年齢			性別			来店頻度		
	度数	%		度数	%		度数	%
50歳未満	9	4.0	男性	127	57.2	毎日、ほぼ毎日	83	37.4
50代	26	11.7	女性	95	42.8	週1～3回	97	43.7
60代	65	29.3	合計	222	100.0	月1～3回程度	26	11.7
70代	87	39.2				無回答	16	7.2
80歳以上	35	15.8				合計	222	100.0
合計	222	100.0						

表 8 - 2　喫茶店来客者

一緒に来店する人			来店時の楽しみ（複数回答）		
	度数	%		度数	%
ひとり	79	35.6	コーヒーを飲む	94	42.3
家族と	49	22.1	友人知人との会話	127	57.2
友人と	91	41.0	新聞・雑誌を読む	51	23.0
その他	1	0.4	食事をする	48	21.6
無回答	2	0.9	ゆっくり過ごす	33	14.9
合計	222	100.0	その他	15	6.8

も多く，「ひとり」が35.6％と続いている．後述するように，「ひとり」という場合でも，喫茶店の店主・店員との会話や，来客者同士の会話を楽しみにしている点が重要である．「来店の楽しみ」で最も多いのが，「知人友人との会話」の57.2％である．「コーヒーを飲む」の42.3％よりも多くなっている点が，喫茶店の持つ機能として興味深い．

　さて，喫茶店での楽しみとして，「知人友人との会話」を挙げる回答が多かったわけだが，これは，知人，友人と来店するだけでなく，喫茶店で待ち合わせる，ひとりで店を訪れ，店主や来客者と会話をすることなどのパターンがある．

◎待ち合わせる
・毎日友人3～4人でこの店に来る．全員ひとりずつ車で来て，この店で待ち合わせる．（喫茶店H，女性，50代，2014/ 1 /17）
・10年前に店ができたときから毎日通い続けている．友人と待ち合わせて会話をする．（喫茶店N，男性，60代，2014/ 2 /17）
・水・金に3人で集まってモーニングを食べるのが楽しみ．3人は仕事をしていたときからの友人で，ここでは，家庭菜園の情報交換などをしている．（喫茶店B，男性，80代，2013/12/13）
・毎週木曜日にグランドゴルフの活動後，20名ほど集まり定例会をしている．（喫茶店F，女性，70代，2014/ 2 /20）

◎喫茶店での会話
・ひとりで来て，気の合う仲間と話すようにしている．（喫茶店B，男性，70代，2013/12/13）
・喫茶店からは徒歩10分くらいで，毎日7時に起きて歩いて通っている．家にいるとひとりなので仲間と話せるのがよい．ボケ防止にもなると思う．喫茶店でいろんな方と話すのは楽しく，このように気軽に話す機会がいっぱいあればいい．（喫茶店T，男性，80代，2014/ 2 /20）
・毎日車で10分ほどかけて来る．毎日畑，ゴルフの練習をしているが，農作業の情報など，ここに来るとたくさん情報が入る．この店には20年以上通っている．（喫茶店R，男性，80代，2014/ 2 /19）

・夫はひとりで本を読みに別の喫茶店に行く．誘ってくれないので，ここでモーニングをとる．女性の友人たちは趣味が多くて，ここでは友人とわいわいやって楽しい．（喫茶店H，女性，80代，2014/1/17）

・毎日，この喫茶店に来てコーヒーを飲みながら，いつものメンバーとのんびり話をできることが楽しい．ジャズも好きで，この喫茶店だと昔の音楽が流れていて良い．（喫茶店E，男性，80代，2014/1/10）

・この店では，だいたい誰がどこに座るか決まっている．話したいときはそこで一緒に座り，ひとりで過ごしたい時は，奥の席に座りにいく．（喫茶店J，女性，60代，2014/1/17）

7 喫茶店での社会関係形成

次に，喫茶店での調査をもとに，どのような社会関係が形成されているのか見ていくことにしたい．

●喫茶店B （2013/12/13）

旧市街地の幹線道路沿いにある喫茶店Bは，約10年前に開店した比較的新しい店で，雑誌にも取り上げられることも多い人気店である．4人掛けのテーブルが12席ある店内は広く，壁に仕切られた奥にある4席は喫煙席になっている．ここでは，70代の男性が8時半頃から集まりはじめる．このグループの男性はすべて配偶者がいるものの，朝食は別で，喫茶店Bの営業日はすべてここでのモーニングにしているという．席はいつも決まっていて，店のスポーツ新聞，週刊誌，ゴルフ雑誌を読みながら朝食をとる．店の女性従業員は，来店時に何も聞かずコーヒーを出し，レジ裏の壁に留められた客のチケットを1枚切り取る．調査当日は男性6名が座っていた．「ここで知り合いになった人は多い．10時までに毎日店に来るようにしている．いつも一緒にコーヒーを飲む5人はバラバラに来るけどみんな近くの人たち」という（男性，70代）．店から最も近い場所から歩いてくる70代の男性は，長久手出身ではなく30年前に戸建て住宅を購入した．「4年前まで自治会役員を2年やったが，外様で，長久手はむつかしいところがある」と語る．しかし，このやりとりを聞いてい

た別の男性客（70代）は，「この人はとても溶け込んでいるよ．新しく来た人は自己
主張が強すぎる」と語っていた．全員10時前に切り上げ，市内のゴルフ練習場に向かっ
ていった．毎週1回は練習，毎月1回はコースに出るという．

　一方，禁煙スペースでは，名古屋市在住で，長久手市内で趣味の活動をしている
男性（70代）が，「長久手は，外の人に冷たくむつかしいところがある．とても排他
的で戦国時代のように打ち解けない町」と語り，同席していた50代の女性客もうな
ずいていた．

　喫茶店Bでは奥の喫煙席で常連の男性客6名が陣取っているが，すべて喫茶
店で知り合いになったという．長久手市における既存研究でも指摘されてきた
問題である新住民と旧住民の関係形成の困難も語られるが，男性グループの語
りからは，喫茶店でのつきあいを通して地付き層と同一のカテゴリーに推移し
た様子を見て取れるだろう．

●喫茶店D（2013/12/20）

　4人掛けのテーブル4席とカウンターに6席のコンパクトな店内．奥の方の4人
掛け2席は中年の男性客がひとりずつ座っていて，どちらも新聞を読んでいる．カ
ウンターでは，女性店主と4名ほどの女性客が会話をしている．手前の4人掛け2
席では，80代の女性客と70代の女性客が相席になっている．男性客はどちらも80代．
そのうちひとりは喫茶店からは徒歩10分くらいで，毎日7時に起きて歩いて通って
いる．家にいるとひとりなので仲間と話せるのがよい，ボケ防止にもなると思う．喫
茶店でいろんな方と話すのは楽しく，このように気軽に話す機会がいっぱいあれば
いいという．この喫茶店の仲間で旅行に行くこともあるということだった．

　80代の女性は，手押し車を使って10分ほどかけて歩いてくる．診療所に寄るとき
にひとりで来店する．気晴らしという意味が強い．息子と2人暮らし，商売をして
いるため，30分くらいで帰る．ここの店の人たちは，みんな知り合いで，一緒にモー
ニングを食べて帰る．昼過ぎにもう一度来て昼食をとることもあるという．インタ
ビュー途中で70代の女性客が来店すると，当然のように相席になっていた．

　喫茶店Dでは女性店主が積極的に来客者に声をかけ，常連のお客さんの動向

については気を配るようにしているという．調査をしているうちに，市の職員
に対して店主から，やや認知症気味のひとり暮らしの方が最近来店すること が
なくなり，店の前を通りがかることも減ったので心配しているという相談がさ
れた．このような，いわゆる独居高齢者への見守りを意識的に取り組んでいる
という．なお，別の店（喫茶店Ｆ）では客同士が見守りをするケースもあった．

　・ここの店に来る人たちはみんな友だちで，「ちゃん」づけで呼び合って
　　いる．誰かが2日来ないと電話をかけて連絡している．（喫茶店Ｆ，男性，70
　　代，2014/1/10）

●喫茶店Ｅ（2014/1/10）
　喫茶店Ｂと同じ幹線道路沿いにある喫茶店Ｄは，30年前に開店した店で，長久手
市内の警固祭りで用いる火縄銃が店の中央に飾られている．店内は1階と2階に分
かれ，1階の4人掛けのテーブル7席にはひっきりなしに来客者がある．自動車で
来店する客が多い．地元の農家や工場を経営する昔からの顔なじみという男性客6
名ほどが，中央のテーブル3席に相席しながら新聞を読んだり，会話をしている．手
が空いたときに女性店主が来るときもあるが，来客者が多いため，その頻度は高く
ない．調査員の座る余地がないほど来店者が多かった．
　9時過ぎに，80代の女性客が1名来店する．みんな「おはよう」「おはようござい
ます」と挨拶しながら，80代の男性客が2人座る席で相席となる．みんな知り合い
だという．現在はひとり暮らし．食事，洗濯を含む生活全般は娘がやってくれる．20
〜30分かけて歩き，20数年毎朝，夏も冬も喫茶店に通っている．みんな知り合いで
話しをするのが楽しみだという．1980年代半ばに名古屋市内から移転してきた．地
域の老人会，民謡の会などにも参加している．長久手は30年住んでもよそ者という
ところがあるが，この店ではみんなと仲良くなれるという．話しをうかがっていた
ところで，「グッドモーニング」と大きな声とともに男性（60代）が来店した．先ほ
どの女性客は「面白い人が来たよ，話し聴きに行ってごらん」と筆者をうながす．近
所で自営業を営む男性は，長久手生まれ．毎日喫茶店Ｅを含め，どこかに顔を出し
ている．どこでも自分から話しかけるという．万博のあった2005年に自治会役員を
したが，「よそ者」に対してきついところがあることがわかった．自分は長久手生ま
れだが，地元の人も新しく来た人を，「よそ者」と言ったりするべきではない．打ち

解けてやった方が楽しい．市の人も率先してあいさつをするべき．新しく来た人も
喫茶店に来てどんどん知り合いになればいいし，その時は自分も協力すると語って
いた．

　喫茶店Ｅはカウンターのない店で，来客者同士が相席でコミュニケーション
を図っている点が特徴的である．また，ここでも，新住民－旧住民の問題が言
及され，喫茶店がそれを解消する場となっていることが語られている．

●喫茶店Ｑ（2014/ 2 /18）

　長久手市内の西部，名古屋市に隣接する地域に位置し，幹線道路沿いではない奥
まった住宅街にある．コーヒーの専門店という謳い文句で，ひとりで来店する人が
多い．4 人掛け 4 席とカウンター 6 席のコンパクトな席で，イギリスのコーヒーハ
ウス風のデザインで統一された店内は高級感がある．調査を実施した中では唯一の
全席禁煙の店舗だった．スポーツ新聞はなく，女性誌のみがおかれている．来客者
はすべてひとりで，来客者同士の会話，店主との会話もあまりない．ここでは調査
拒否が多かったが，その理由は「コーヒーを楽しみに来ているので」「ひとりでゆっ
くりしているので」というものだった．その中で，唯一会話をしている女性客 2 人
組があった．「近所の人やカフェで知り合った人と仲良くしている」（女性，50代），「転
入間もないがこの店を通して友人が増えたのでよかった」（女性，60代）と語っていた．
喫茶店Ｑにて友人になって一緒に行動するようになったという．

　喫茶店Ｑでは，高い文化的同質性を持つ来客者同士の関係形成が認められた．

●喫茶店Ｓ（2014/ 2 /19）

　名古屋市に近い市内西部にある喫茶店Ｓには，9 時半頃うかがうが，カウンター
6 席がすべて埋まり，4 人掛け 2 席もすべて埋まっている．ランチ時まで常に混ん
でいるという．この店はモーニングセットがサンドイッチという特徴がある．4 人
掛けの席の来客者に女性店主から声をかけていだき調査を開始する．来客者は，名
古屋市など市外の人が多いという．女性客が多く，女性誌のみがおかれている．2
名で待ち合わせて来客した女性客（50代）も，「友だち同士でおしゃべりしたいときは，

喫茶店Hや喫茶店Oといったチェーン店に行く」と語るように，カウンターに座り女性店主と話しをするのを目的としていた．10時過ぎにカウンター客がいなくなった後に，カウンターで店主の話をうかがう．ここはひとりで来店されるお客さんが圧倒的に多い．だからカウンター席は常に一杯になるということだった．

　この店では店主との積極的なはたらきかけによる，来客者同士の関係形成が見られる．先行研究でも指摘されることが多い，カウンターでの店主を媒介にした典型的な関係形成のあり方と見ることができるだろう．

●喫茶店T　(2014/ 2 /20)

　開店して35年になる喫茶店Tは，長久手市の東部，瀬戸市に近いところにある．市内でも高齢化が進んでいる場所で，男性ひとり客が多い．調査時も，女性の来客者が１名あったのみで，男性客が７名．すべて近所の顔見知りだという．しかし，カウンターに座る人は１名のみで，４人掛けの席に分かれて，新聞などを読む人が多い．来店時に挨拶はあるが，常連客同士でも，テーブル席にひとりひとり座って過ごしている静かな店内だった．

　喫茶店Tは店内で来客者同士距離を保ち，ひとりでいるためのスペースを確保している．会話をしたい客はカウンターで店主と会話をしており，店内の席が目的に応じて使い分けられている．他の店舗でも，「あっちは先輩たちがいるから行かないようにしている」（喫茶店W，男性，70代，2014/ 2 /28）というように，店内での関係形成以上に，他の来客者との距離のとり方への配慮が語られるケースがあった．

●喫茶店I　(2014/ 6 /10)

　旧市街地にある喫茶店Iでは，カウンターはなく，テーブル席が８席となっている．男性のひとり客が多く，入ってくるたびに，「おはようございます」と挨拶する．４人がけの席でひとりずつ座りながら，若い女性店員がその間に立って，周囲の来客者と会話をしている．一方，奥の４席に座る中年の女性客は，女性店主とパズルの話しで盛り上がっていた．

　先行研究では，カウンターが店内のコミュニケーションにおいて重要な要素と強調されてきたが，実際には，喫茶店Ⅰのようにカウンター席がない場合でもコミュニケーションが自然な形で展開されていた．

┃ 8　喫茶店からのコミュニティ実践

　以上，7つの喫茶店における社会関係形成のあり方について見てきたが，調査の知見を概略的に示すと，喫茶店が単にコーヒーを飲む場所というだけでなく，情報交換，交流，集いの場として活用されていることが確認された．また，既存の友人関係だけでなく，新たなネットワーク形成の拠点としての機能も浮かび上がってきた．実際，調査の過程で，市議会議員が情報収集をする場として利用している場面に多く出会ったことからも，喫茶店が地域の結節点としての役割を果たしている点が見てとれる．

　また，ひとりでの来店においても，個人の生活状況に対応した利用がされていた点に注意が必要だ．外出前の待ち合わせ目的としたり，毎日の散歩の目標として活用していたりということが多く聞かれたように，郊外の住宅地に隣接する喫茶店のひとつの機能として，家で閉じこもりにならないように意識的に配慮された喫茶店の利用があるのだ．このように喫茶店が，来客者同士の交流，待ち合わせ，集まる場，客－店主とのコミュニケーションにより，社会関係を構築する場として機能することが明らかとなった．

　本章での関心から考えるべきは，それがどのような性格の結節点となっているかである．まず確認できるのは，常連中心の「強い絆」，すなわち社会的に異質性の高いメンバーというよりも，同質性の高いつながりである．これは，これまで調査研究の対象となっていたビジネス街，商店街の喫茶店ではなく，郊外の住宅地に位置する喫茶店の特性と言えるかもしれない．

　もう1点，本調査では，新たな喫茶店という社会空間特有の社会関係形成も見えてきた．隣接している人や，自治会活動やボランティア，趣味の活動を共にして形成されたのではない，新たなつながりである．これは既存の友人関係だけでなく，喫茶店という社会空間によって生み出された新たな社会関係であり，家での朝食ではなく喫茶店での「モーニング」を利用する，中京圏の喫茶

店文化が用意した生活様式によるものと言えるだろう．さらに，孤立防止や見守りといった，喫茶店において形成される社会関係の持つ発展的な機能も見いだされたと思われる．ここからは，新たなコミュニティ実践，地域コミュニティの創出という展望も見えてくる．

▎9　その先に

　最後に，長久手市の地域コミュニティへの参加の制度化と，コミュニティ資源に乏しい中での地域コミュニティ創出という点から検討してみたい．喫茶店での調査から浮かび上がったのは，地縁組織やボランティアとは異なる形で，地域社会への参加の文脈が存在していることだ．地域コミュニティへの参加においては，制度化された組織とは異なる道筋があることが示唆されたのである．長久手市を含め，多くの自治体における地域コミュニティ政策は，地域「参加」意向や実態と齟齬があり，実際に求められているのは，生活実態を踏まえた「参加」の条件整備と言えるのではないだろうか．現時点での長久手市の施策化であるが，自治体の事業を直接住民が事業を担うという点に特化したものであり，実際の「地域参加」の条件となる時間や体調面など住民生活の文脈を考慮していなかったのではないだろうか．これに対して，喫茶店でのインタビュー調査で提起された以下のようなアイディアは大変興味深い．

　　「あいさつ散歩道」のような看板を立て，新しい人が参加できるように．花や，農園を作ると新しい人が自然に参加できるのではないか．ひとり暮らしの人もけっこう散歩できているので．（男性70代）

　インタビュー調査の中では，こうした「参加」を促進する興味深い提案が多く出されていた点に注意したい．朝の散歩，ウォーキングと，花壇，農園の管理を結びつける取り組みなどは，その一例である．こうした提案からは，長久手市が進めてきた，個人と個人の地域コミュニティへのニーズと供給をつなぐ仕組みだけではなく，こうした生活に即した「参加」の機会を提供することが必要と考えられる．

　その意味で，次の点は今後の「地域参加」を考える上で示唆的である．イン

タビューの中で多く聞かれたのは，ひとりで参加するのではなく，友人，仲間と一緒に参加したいという希望である．

　　　この3人でやる（喫茶店に来店するグループ）ということだったら，いつでもいいし，何でもできる．（男性70代）

「ボランティア」へのハードルを下げ，「参加」をうながすしくみづくりにおいて重要な点と考えられる．喫茶店文化などの利用により，参加をうながすこと．長久手市において，縮小社会化を先取りするかのように「地域参加」の施策化が進められている．また，さまざまな施策を立案する上で，ワークショップ形式の会議の導入など，住民の「参加」というプロセスが重視されるようになっていることもあり，住民と自治体職員で議論し，今後の方向性を検討することが求められている．こうした長久手市の地域コミュニティを作りだす現場にかかわりつつ考えたことは，見過ごされがちな「参加」の文脈と，同じ空間を共有する場，そしてそこから展開される地域コミュニティ創出の可能性である．

注 ————————————————————————

1）居酒屋に関する研究としては，考現学的な手法で客層を観察した橋本（2008）がある．ここでは，居酒屋が階層区分を超えた関係性を生み出すことが指摘されており，いわゆる「サードプレイス」論の主張を支持するものとなっている．なお，中井久夫は，名古屋市立大学時代のアルコール依存症の少なさからアルコールに関してドライな名古屋の文化を指摘する（中井，2011：108）．実際に，総務省「家計調査」の結果から見ても，名古屋市は政令指定都市のなかではアルコール消費量は少ない（https://www.stat.go.jp/data/kakei/ 5.html，2021年9月30日確認）．

2）https://www.stat.go.jp/data/kakei/tsushin/pdf/29_ 6 .pdf（2021年9月30日確認）．

3）愛知県の喫茶店文化は，大都市，郊外を超えて，1970年代後半に農村地帯にも広がっていたという，渥美半島を拠点とした作家，杉浦明平の記録がある（杉浦，1982：167-71）．

終 _章

コミュニティ実践から新たな展開へ

　コミュニティ実践のプロセスにかかわり，そこで蓄積されてきた「認識」と「方法」に学び，コミュニティ理論との対話を通して，新たな理論的，実践的展望を探るのが本書の目的だった．その意味で，最後に書くべきことは，いわゆる結論というよりも，むしろ今後のコミュニティ実践にかかわる新たな「認識」と「方法」に結びつけるために知見を整理し，問いを提出することだろう．そこで，もう一度，最初の問いから考えてみよう．序章の冒頭で，色川武大の言葉を引いた．何らかの問題が起きている現場に向き合うためには，ありきたりの「概念」に頼らず，「よく見ること」，「認識」が重要であることを示す言葉だった．現場での問いかけに対して，わかったような「概念」を投げ出すことではなく，いかに意味のある「認識」が可能となるのか．コミュニティ実践の場にかかわることを通して，コミュニティ実践によって生み出された「認識」と「方法」を受け止め，コミュニティ理論との対話から向き合うアプローチを追求してきたのである．

　誤解のないように再度確認しておくと，社会学を中心としたコミュニティ理論が使えない，役に立たないということではない．各章で繰り返し何度も確認してきたように，何らかの困難な課題に接したときに，コミュニティ理論，コミュニティに関する実証研究の成果が大きなよりどころになったことは明らかだ．問題は，こうした理論が，そのままの形では使えないということである．たとえば，コミュニティに関する理論の大前提として，都市化が進み，流動性も異質性も高い地域コミュニティは，解体，孤立の増大，参加が減少するという趨勢が自明のものとして指摘されてきた．地域コミュニティ，コミュニティ実践への期待の高まりに対して，コミュニティ実践に負わせられているのは，

こうした完全な理論的な逆風である．このような条件のもとで，さらなる実践
の展開が期待されるという，決定的なジレンマがある．コミュニティの解体，
衰退基調を前提とした，その意味では身もふたもない理論をどのような形で，
それぞれの現場での問題認識と，取り組みを進めるための理論，「方法」とし
て提示できるかについて問い直すことが必要となったのである．

　その際に，これも繰り返し指摘したことだが，大きな社会的課題に対して，
地域コミュニティ，コミュニティ実践というローカルな単位に注目することが
妥当なのかという点は常に考えておく必要がある．地域コミュニティにさまざ
まな社会的課題解決を負わせる構造的な問題に対する視点であり，この視点は
本書で中心的に事例として取り上げた愛知県の地域コミュニティを考える上で
は特に重要となる．愛知県は，自動車産業の集積にともない，多くの人口を吸
収し，異質性の高い，流動性の高い地域コミュニティを形成してきた．そうし
たマクロな日本社会の構造的な問題が集約される形で地域コミュニティに向け
られている．また，移民政策の不在や，社会保障費の削減など，日本社会全体
の課題を地域コミュニティというローカルな場で，コミュニティ実践という
ローカルな取り組みによって解決が強制される構造であり，それを無条件に受
け入れることはできない．こうした点からすると，高齢化や外国籍住民の増加，
孤独・孤立，人口減少など，構造的な問題に対して誤った形で問題を矮小化して
構成しているようにも見えるかもしれない．たとえば，近年の「無縁社会」
言説など孤立問題への視点が，社会的排除に対する視点を欠き，関係性の次元
に矮小化されることが批判されている（石田，2011）ように，地域コミュニティ
への関心が，貧困など社会構造の問題を等閑視させてしまうという危険性が指
摘されてきた．「社会を特徴づけている大規模な組織的・制度的構造体につい
て意味ある把握ができ」ず，「かわりに目を小さな町へと転じ，それを単に理
想として持ち出すばかりでなく，小さな町こそ私たちが現在直面している政治
的難題に対する解決法であると見なすようになる」（ベラーほか，1991：247）と
いう危険性に注意しなくてはならないだろう．その意味で，地域コミュニティ
を焦点化するにあたって，国家や市場といったコミュニティを包含する全体社
会の枠組みのもとで考えることが決定的に重要である．

　この点をおさえた上で，地域コミュニティ，コミュニティ実践に着目する理

由は何か．地域コミュニティ，コミュニティ実践から問題を「認識」し，課題
解決の「方法」を学ぶことはどのような意味を持つのか．様々な課題が押し付
けられ，対応を迫られる地域コミュニティが，どのような場の構造を持ち，ど
のような仕組みなのかをとらえつつ，地域コミュニティ固有の文脈を踏まえ，
それぞれの社会的課題に対する「認識」と「方法」を検討してきた．具体的に
は，排除をめぐる問題などに対する，国家や市場では実現不可能なコミュニティ
実践の持つ社会的機能に注目したのである．ここで各章の内容について振り
返っておこう．

　1〜2章では，地域社会におけるコミュニティ実践で蓄積されてきた課題解
決のための「方法」をとらえる方法論について，社会学を中心とした理論と，
筆者のフィードルワークから反省的な検討を試みた．ここでは，① 地域にお
けるコミュニティ実践に解決を迫られた課題をその背景となる構造を踏まえつ
つ批判的に見ること，② コミュニティ実践にかかわることで気づかされた「方
法」をとらえること，③ コミュニティ実践にかかわる知見を学会や別の地域
で報告をした際のフィードバックから修正を行うこと，という3つのプロセス
を提示した．コミュニティ実践によって築き上げられてきた「方法」に学ぶこ
と．そこから，これまでのコミュニティ理論との対話を通じて「認識」を再検
討すること．他の地域で同様の問題にかかわる調査研究の知見を検討し，コミュ
ニティ理論の修正を行う．コミュニティ実践で築き上げられてきた「方法」を
通して考えることで，政策的なフィードバックも含めて，さまざまな社会的課
題解決のための「方法」に根差した理論として鍛え上げていくことを目指した
のである．以下では，これまでの章で得られた知見について，コミュニティ理
論との関係，コミュニティに関する主流の議論，事例分析における視点，コミュ
ニティ実践にかかわる調査において注目した点，コミュニティ理論にかかわる
知見，そして，これらから導かれる理論的・実践的含意について整理しておき
たい（表終-1）．

　3〜4章では，外国籍住民が増加した，異質性の高い地域コミュニティにお
いて，「強いコミュニティと排除のジレンマ」を超えるコミュニティ実践の「方
法」の分析を行った．まず，外国籍住民の増加にかかわる地域生活の課題に対
して，地域コミュニティに解決を強いる政策，ここでは公営住宅自治会に押し

表終-1　3地域のコミュニティ実践の分析から

	西尾市	愛西市	長久手市
コミュニティ理論への関心	コミュニティの強化と排除のジレンマ	地域コミュニティを拒否すること，孤独，孤立への対応	流動性の高い解体コミュニティへの対応
コミュニティにかかわる主流の議論	コミュニティレベルの共生論批判	地縁組織を中心とした地域コミュニティの困難	解体コミュニティと新たな地域コミュニティ形成
コミュニティ実践にかかわる視点	共生論再考・排除型ではないコミュニティの可能性	選択可能なコミュニティの可能性	コミュニティソーシャルワーカーによるコミュニティ構築
注目した点	外国籍住民の地域コミュニティへの参加	選択可能なネットワークとしてのコミュニティ	CSWによるコミュニティ資源創出
コミュニティ論の刷新にかかわる知見	線引きを拡大するコミュニティ実践	選択可能なコミュニティ資源のオプション	参加と資源創出を促すソーシャルワーク実践
実践的含意	コミュニティの境界線の拡大	選択可能なネットワークの束	参加可能なコミュニティ資源

付けられる状況を確認した．公営住宅法改正後，住民の福祉カテゴリー化が進み，地域コミュニティ基盤が弱体化するという困難な条件のもとで，外国籍住民をめぐる課題への対応が迫られることとなった．こうした課題に立ち向かった西尾市の公営住宅のコミュニティ実践は，いわゆる「多文化」や「共生」を前面に出すものではなかった．むしろ，自治会を中心に蓄積されてきたコミュニティ実践の「方法」を，外国籍住民の増加に応じて成員の範囲を拡大することによって対応したのである．その「方法」が，西尾市，愛知県の住宅施策，多文化共生施策に対してインパクトを与えていく．異質性は高いが，包摂するコミュニティ実践の「方法」から，「強いコミュニティと排除のジレンマ」を乗り越えるあり方を見たのである．ここからは，「外国人問題」という把握とは異なる，地域コミュニティに参加するカテゴリーを拡張するための「認識」の変容，そして「外国人」と「日本人」の境界線を越えた「地域住民」としての線引きの変更による「方法」の拡張を見るべきだろう．この知見から導かれるのは，排除型コミュニティの乗り越えとともに，共生論批判に対する応答でもあった．参加のための「方法」，包摂型のコミュニティの可能性とともに，これまで地域コミュニティベースの共生論の弱点と考えられてきた政策，制度

への展開の意義も指摘した.

　5〜6章では，孤独・孤立をめぐる問題について，愛西市における孤独死対策を中心に分析を行った．孤独・孤立をめぐる問題は，国レベルの取り組みが進められつつあるとはいえ，基本的に地域福祉の枠組みで，地域コミュニティに解決を強いる政策的動向が認められる．こうした政策においては，強い地縁組織を基盤とした地域コミュニティの力による課題解決に期待するのが主流となっていた．しかし，地域コミュニティ自体の弱体化とともに，そもそも孤立している層，支援を拒否する層に対して，地縁組織への参加を促すことは極めて困難な課題となる．ここから地域コミュニティのつながりの強化というよりも，選択可能なネットワークの束としてのコミュニティに目を向けるという「認識」の転換が必要となった．都市部のコミュニティ解体を悲観的にとらえる視点に対して，「商助」など，都市ならではの資源を活用する地域コミュニティ，コミュニティ実践の可能性に目を向けることとなったのである．これはさらに，近年の孤立言説に顕著な，つながりを持ち，参加を強く誘導する論調に対して，選択可能なコミュニティという視点へと転換を図ることにつながっていく．地縁組織ベースの強い地域コミュニティに対して，選択可能なネットワークの束としてのコミュニティを提示したのが，ここでの理論的・実践的含意である.

　7〜8章では，地域コミュニティに解決を強いる政策としての「地域共生社会」の推進，「互助」を強いる地域福祉政策に対して，「コミュニティをつくる」という視点からどのような応答が可能かについて考えた．新城市と長久手市の地域コミュニティ，コミュニティ実践の分析において焦点をあてたのは，地域コミュニティが「自然」には形成されず，地域コミュニティの資源をどのように創出するかという点である．特に長久手市の分析では，流動性の高さ，地縁組織への加入率の低さという，圧倒的に不利な条件下での地域コミュニティ創出のあり方を検討した．ここで注目したのは，主体的に参加する「強い市民」による地域コミュニティではなく，新たにコミュニティ資源を創出するCSWの活動，地縁組織以外のネットワークの構築，喫茶店文化など新たなコミュニティ資源の発掘である．ここから，条件が不利な地域での新たな地域コミュニティ創出に結びつけるためのコミュニティ実践の「方法」や，自治体による地域福祉計画・地域福祉活動計画への制度的位置づけ，専門職としてCSWの活

動によるコミュニティ創出へとつなげる「方法」を追求したのである.

　以上の知見から, 理論的にも, 実証研究の成果からも, 圧倒的に条件が悪い
ものと位置づけられる地域コミュニティの新たな展開の「方法」が見えてくる
だろう. 本書で焦点を当てた大都市近郊の地方都市では, コミュニティ解体が
基調と考えられてきた. 期待される社会的課題を生活の場を共にすることに
よって解決を目指す点からは, 簡単にコミュニティ解放論に向かうこともでき
ない. そこで暮らす住民によるコミュニティ実践の視点から, コミュニティ存
続論とは異なる形で, コミュニティ喪失論の転換という新たな「方法」が必要
とされたのだ. この課題にこたえるための理論的・実践的な応答である.

　こうした方向性は, 既存の地域コミュニティを無前提に称賛し, その回復を
目指す視点から転換し, 新たな地域コミュニティ創出へと一歩広げるものとな
る. コミュニティへの関心は, 「失われたもの」としてのコミュニティを取り
戻すことに目を向けがちであった (Delanty, 2013). しかし, それは現実的では
ないし, 間違った前提かもしれない. テンニース (1957) は, 全人格をもって
感情的に融合し, 親密な相互愛情と了解に基づいた共同社会としてのゲマイン
シャフトと, 人々が互いに自己の目的を達成するために利害, 打算に基づいて
行動する利益社会としてのゲゼルシャフトに分類するが, この有名な概念のう
ち, コミュニティへの注目は, 「失われゆく」ゲマインシャフトの回復への期
待が大きかったと言える. しかし, バウマンを持ち出してしばしば語られるよ
うに, コミュニティを失うことは安心を失うことであるが, コミュニティを得
ることは即座に自由を失うこと意味する (バウマン, 2008：12). この問題に対し
て本書の視点は, 親密な, 強いが閉じているコミュニティの負の部分, ダーク
サイドを見据え, ゲゼルシャフト的な地域コミュニティ再編の方向性に向けら
れている.

　もう1点, 再分配機能を持たないとしてしばしば批判されるコミュニティの
限界に対して, 制度・政策へとつなげる道筋が見いだされたことは, 理論的・
実践的な意義があると考えられる. この点からすれば, コミュニティ実践は,
何らかの政策的課題の提示する「目的」に対する「手段」ではない. 本書の分
析は, 個人レベルではなく, 地域コミュニティ, コミュニティ実践という単位
で, 集合的に築き上げられてきた「方法」を焦点化した. この意図は, こうし

た共同性に根差した「方法」が，何らかの「目的」に従属するのではなく，一定の自律性を持ち，様々な課題に開かれることを示す点にある．

　こうした地域コミュニティ，コミュニティ実践から得られる「方法」の拡張は，コロナ禍，そしてコロナ後のあり方への展望にもつながると思われる．コロナ禍での地域コミュニティ，コミュニティ実践は極めて困難な条件をつきつけられた．筆者がかかわった多くの地域では，とにかくやりきれなさが表明されていたが，感染症対策のための交流・参加の自粛要請が，これまで進めてきた「支えあい」や「参加」の理念とは正反対のものであるためだ．こうしたなかで，自宅でもつながりを維持する手紙やハガキ，電話，LINEを通じた交流活動や，人が少なく気温が上がらない早朝・夕方のウォーキングで外出を促進し，見守り活動を進める動きが見られた．本書で見てきたコミュニティ実践は，危機に対応して，新しい「支えあい」「参加」の「方法」を生み出し，その可能性を広げるヒントになると考えている．こうした活動のひとつひとつは「弱いつながり」に見えるかもしれない．しかし，コロナ禍での新たな「方法」を増やすという実践的課題に対して一定の意味を持つだろう．

　コロナ後には，地域コミュニティ，コミュニティ実践にかかわる「方法」は，ますます重要度が増すと予想される．社会学を中心としたコミュニティ研究が，地域コミュニティ，コミュニティ実践の場でどのように貢献できるか．外部から持ち込む「概念」ではなく，そこにかかわる中で対話し，新たな課題に開いていく循環を目指したい．

お わ り に

　本書は多くの方々から力をいただくことで生まれたものである．お名前をすべて挙げることはできないが，調査でお世話になったすべてのみなさま，また，講演や研修，授業で批判や感想をいただいたみなさまには，深く感謝申し上げたい．

　本書は学会での報告や既発表の論文を大幅に加筆・修正してテキストとして再構成したものであり，初出は以下のとおりである．３〜４章は社会理論動態研究所，３章，７章は「縮小社会」をめぐる地域社会学会のシンポジウム，５〜６章は日本都市社会学会の貧困をテーマとしたシンポジウムで報告機会をいただいたことから生まれたものである．

　　1 章　松宮（2012d），松宮（2021b）
　　2 章　松宮（2010a），松宮（2018a），松宮（2020a）
　　3 章　松宮（2012c），松宮（2012d）
　　4 章　松宮（2017a），松宮（2019b）
　　5 章　松宮（2012a），松宮（2021a）
　　6 章　松宮（2012a），松宮（2021a）
　　7 章　松宮（2017b），加藤・松宮（2020）
　　8 章　松宮（2015），松宮（2017b），加藤・松宮（2020）

　修士論文，博士論文まで一貫して指導いただいた金子勇先生には，コミュニティに関する視点を開いていただいただけでなく，コミュニティにかかわる実践的な志向と研究の姿勢を学ばせていただいた．７章のもとになったのは，金子先生がコーディネートされた2015年の第88回日本社会学会テーマセッション「地方消滅から地方創生へ」での報告であり，４章は，金子先生の編著に執筆させていただいた原稿をもとにしている．本書全体の内容は，宮内洋先生の主催する貧困のフィールドワーク研究会，〈生活─文脈〉理解研究会での新藤慶先生，打越正行先生，石岡丈昇先生との議論のなかで得たことが大きな力となっ

ている．宮内先生が研究代表の基盤研究（C）「未来の剥奪：貧困の〈生活—文脈〉の縦断的理解を通して」（課題番号18K02066）の成果の一部である．宮内泰介先生には，科研プロジェクト（基盤研究（A）「多層的で動的なプロセスとしてのコミュニティ：実践論的アプローチによる研究」：課題番号20H00083）の研究会報告において，「コミュニティ実践」を中心に据えることを示唆していただいた．これらとともに，筆者が代表となった基盤研究（C）「地域包括ケアシステム導入と新たな地域社会の関係形成に関する実証的研究」（16K04084）の助成，出版にあたっては，令和3年度愛知県立大学学長特別教員研究費出版助成を受けることができた．すべてのみなさまに記して感謝申し上げたい．

　最後に，本書をまとめるきっかけを作っていただき，また，的確なタイトルを提案し，丁寧に編集をしていただいた晃洋書房の阪口幸祐氏に，深く感謝したい．

　2022年2月

松 宮　　朝

参 考 文 献

足立重和，2010，『郡上八幡　伝統を生きる』新曜社．

愛知県県民生活部社会活動推進課多文化共生推進室編，2017，『平成28年度愛知県外国人県民アンケート調査報告書』．

愛知県史編さん委員会編，2020，『愛知県史　通史編9　現代』．

愛西市福祉部高齢福祉課・地域包括支援センター編，2008，『平成19年度愛西市孤立死ゼロ・モデル事業のまとめ』．

赤枝尚樹，2015，『現代日本における都市メカニズム』ミネルヴァ書房．

赤川学，2012，「人口減少社会の地域づくり」盛山和夫・上野千鶴子・武川正吾編『公共社会学［2］』東京大学出版会．

秋元律郎，1987，『都市社会学の源流』有斐閣．

秋元律郎，2001，「初期シカゴ学派社会学とハル・ハウス」『人間関係学研究』2：291-302．

天田城介，2018，「『地域包括ケア』において後退する『社会的な問い』」『保健医療社会学論集』29（1）：9-16．

新井康友，2010，「一人暮らし高齢者の孤独死の実態に関する一考察」『中部学院大学・中部学院大学短期大学部研究紀要』11：84-89．

朝倉美江，2017，『多文化共生地域福祉への展望』高菅出版．

バウマン，Z.（奥井智之訳），2008，『コミュニティ』筑摩書房．

バーン，D.（深井英喜訳），2010，『社会的排除とは何か』こぶし書房．

ベラー，R. N. ほか（島薗進ほか訳），1991，『心の習慣』みすず書房．

地域力強化検討会編，2017，『地域力強化検討会最終とりまとめ』．

コーエン，A. P.（吉瀬雄一訳），2005，『コミュニティは創られる』八千代出版．

Collins, Patricia H., 2010, "The New Politics of Community" *American Sociological Review* 75（1）：7-30．

デランティ，G.（山之内靖・伊藤茂訳），2006，『コミュニティ』NTT出版．

Delanty, G., 2013, *Community Third edition,* Routledge.

土居洋平，2010，「地域とつながる」塩原良和・竹ノ下弘久編『社会学入門』光文堂．

遠藤宏一，1999，『現代地域政策論』大月書店．

遠州尋美，2010，「収縮社会のまちづくりガバナンス」鈴木浩編著『地域計画の射程』八朔社．

Field. J., 2003, *Social Capital,* Routledge.

藤原佳典，2017，「地域のつながりと男性高齢者」『保健師ジャーナル』73（5）：389-395．

藤井博史，2018，「地域共生社会を実現する社会福祉協議会の課題」『社会福祉研究』132：45-54．

藤野裕子，2020，『民衆暴力』中央公論新社．

古川孝順・庄司洋子・三本松政之編，1993，『社会福祉施設——地域社会コンフリクト』誠信書房．

船津衛，1999，『アメリカ社会学の展開』恒星社厚生閣．

船津衛・浅川達人，2014，『現代コミュニティとは何か』恒星社厚生閣．

ガンズ，H.（松本康訳），2006，『都市の村人たち』ハーベスト社．

呉獨立，2017，「新聞記事からみる『孤独死』言説」『社学研論集』29：122-137．

呉獨立，2021，「社会問題としての孤独死と，政策対応の方向性に関する再考」『生活経済研究』
290：16-21.

呉世雄・川島ゆり子，2021，「愛知県長久手市」宮城孝編著『地域福祉と包括的支援システム』明石
書店.

グラノヴェター, M.（大岡栄美訳），2006，「弱い紐帯の強さ」野沢慎司編『リーディングス・ネット
ワーク論』勁草書房.

濱田国佑，2010，「外国人集住地域における日本人住民の排他性／寛容性とその規定要因」『日本都市
社会学会年報』28：101-115.

原田謙，2017，『社会的ネットワークと幸福感』勁草書房.

長谷川貴陽史，2011，「居住における包摂と排除」『法社会学』74：64-77.

橋本和孝・吉原直樹・速水聖子編著，2021，『コミュニティ思想と社会理論』東信堂.

橋本健二，2008，『居酒屋ほろ酔い考現学』毎日新聞社.

早川鉦二，2008，『愛知万博の落とした影　愛知県立大学に見るひずみと切り捨て』風媒社.

Hayashi, B. N., 2017，「保見ヶ丘地区におけるネットワーク形成の論理」『東海社会学会年報』9：
120-137.

狭間香代子，2016，『ソーシャルワーク実践における社会資源の創出』関西大学出版部.

樋下田邦子，2015，「新城市地域自治区制度からの一考察」『岐阜経済大学論集』48（2-3）：17-35.

樋口明彦，2004，「現代社会における社会的排除のメカニズム」『社会学評論』55（1）：2-18.

樋口直人，2009，「『多文化共生』再考」『アジア太平研究センター年報』7：3-10.

樋口直人，2010，「都市エスニシティ研究の再構築に向けて」『年報社会学論集』23：152-164.

樋口直人・稲葉奈々子，2018，「間隙を縫う」『社会学評論』68（4）：567-583.

平井正治，1997，『無縁声声』藤原書店.

平岡和久，2020，『人口減少と危機のなかの地方行財政』自治体研究社.

平山洋介，2020，『「仮住まい」と戦後日本』青土社.

広原盛明，2011，『日本型コミュニティ政策』晃洋書房.

広井良典，2010，「コミュニティとは何か」広井良典・小林正弥『コミュニティ』勁草書房.

広井良典，2011，『創造的福祉社会』筑摩書房.

広田康生，2011，「『共生』論と初期シカゴ学派エスニシティ研究」『専修人間科学論集』1（2）：
145-55.

星野豊，2006，「民事判例研究856　集合住宅自治会に対する退会申入の有効性」『法律時報』78（11）：
90-93.

井真治・町上貴也，2013，「喫茶店を活用した社会参加へのアプローチ」『認知症ケア最前線』42：
24-27.

五十嵐泰正，2010，「『地域イメージ』、コミュニティ、外国人」岩渕功一編著『多文化社会の〈文化〉
を問う』青弓社.

五十嵐泰正，2012，「多文化都市におけるセキュリティとコミュニティ形成」『社会学評論』248：
521-535.

池上重弘，2021，「ブラジル人家族と危機」『移民政策研究』13：46-65.

今村晴彦ほか，2010，『コミュニティの力』慶應義塾大学出版会.

稲葉昭英，2007，「ソーシャル・サポート、ケア、社会関係資本」『福祉社会学研究』4：61-76.

稲葉佳子ほか，2010,「公営住宅および都市再生機構の賃貸住宅における外国人居住に関する研究」『日本建築学会計画系論文集』75（656）：2397-2406.

稲葉陽二編著，2021,『ソーシャル・キャピタルからみた人間関係』日本評論社.

色川武大，1987,『うらおもて人生録』新潮社.

石橋真帆ほか，2021,「2020年新型コロナウイルス感染症拡大初期の情報行動と社会心理」『東京大学大学院情報学環情報学研究　調査研究編』37：1-72.

石田賢示・龔順，2021,「社会的活動から見た社会統合」永吉希久子編『日本の移民統合』明石書店.

石田光規，2011,『孤立の社会学』勁草書房.

石田光規，2015,『つながりづくりの隘路』勁草書房.

石田光規，2018,『孤立不安社会』勁草書房.

石黒格編著，2018,『変わりゆく日本人のネットワーク』勁草書房.

石牟礼道子，1972,『苦海浄土』講談社.

磯村英一，1968,『人間にとって都市とは何か』NHKブックス.

伊藤守ほか編，2017,『コミュニティ事典』春秋社.

岩本通弥，2012,「民俗学と実践性をめぐる諸問題」岩本通弥・菅豊・中村淳編著『民俗学の可能性を拓く』青弓社.

岩田正美・黒岩亮子，2004,「高齢者の『孤立』と『介護予防』事業」『都市問題研究』5（9）：21-32.

岩田重則，2014,『日本人のわすれもの』現代書館.

時事通信社編，2015,『全論点人口急減と自治体消滅』時事通信社.

（株）ニッセイ基礎研究所編，2011,『セルフ・ネグレクトと孤立死に関する実態把握と地域支援のあり方に関する調査研究報告書』.

梶田孝道・丹野清人・樋口直人，2005,『顔の見えない定住化』名古屋大学出版会.

鎌田慧，2003,『大杉榮　自由への疾走』岩波書店.

勝部麗子，2014,「大都市における地域福祉の展開」大橋謙策編著『ケアとコミュニティ』ミネルヴァ書房.

勝部麗子，2016,『ひとりぼっちをつくらない』全国社会福祉協議会.

金井利之，2021,『コロナ対策禍の国と自治体』筑摩書房.

金湧佳雅ほか，2010,「世帯分類別異常死基本統計」『厚生の指標』57（10）：20-25.

金子勇，1997,「都市的生活様式と都市高齢化の社会学」『日本都市社会学会年報』15：3-21.

金子勇，2011,『コミュニティの創造的探求』新曜社.

加藤昭宏，2019,「コミュニティソーシャルワークにおける個別支援と地域支援の統合の可能性」『日本の地域福祉』32：48-59.

加藤昭宏・松宮朝，2020,「コミュニティソーシャルワーカーによる地域コミュニティ形成」『社会福祉研究』22：9-22.

河合克義，2009,『大都市のひとり暮らし高齢者と社会的孤立』法律文化社.

河合克義，2018,「『我が事・丸ごと』地域共生社会とコミュニティ・ソーシャルワーク」『ソーシャルワーク研究』44（1）：5-18.

川村岳人，2016,「公営住宅の集中立地地域に居住する福祉対象層の地域社会に対する意識」『貧困研究』16：90-99.

菊池馨実, 2019, 『社会保障再考』岩波書店.

北村英哉・唐沢穣編, 2018, 『偏見や差別はなぜ起こる？』ちとせプレス.

クライン, N. (幾島幸子・村上由見子訳), 2011, 『ショック・ドクトリン（上）（下）』岩波書店.

小谷みどり, 2017, 「孤立する男性独居高齢者の現状」『保健師ジャーナル』73（5）：378-383.

小林良彰・廣瀬和彦, 2019, 「事業別自治体財政需要第152回自治体施策と住みやすさ」『地方財務』
　　779：136-154.

今野裕昭, 2001, 『インナーシティのコミュニティ形成』東信堂.

厚生労働省編, 2008, 『高齢者等が一人でも安心して暮らせるコミュニティづくり推進会議（「孤独死」
　　ゼロを目指して）―報告書―』.

小辻寿規・小林宗之, 2011, 「孤独死報道の歴史」『Core Ethics』7：121-130.

クロポトキン, P. (大杉栄訳), 2009, 『新版相互扶助論』同時代社.

熊谷文枝, 2018, 『「地域力」で立ち向かう人口減少社会』ミネルヴァ書房.

黒岩亮子, 2000, 「『一人暮らし高齢者』の『社会問題化』のプロセス」『社会福祉』40：137-148.

黒岩亮子, 2007, 「『孤独死』問題をめぐる『つながり』の再構築」高橋勇悦ほか『現代日本の人間関
　　係』学文社.

黒岩亮子, 2010, 「都市高齢者の『孤立』と地域福祉の課題」『貧困研究』4：88-97.

草郷孝好, 2015, 「市民主導の地域社会構築とアクション・リサーチ」『人間福祉学研究』8（1）：
　　27-40.

レイヴ, J.・ウェンガー, E. (佐伯胖訳), 1993, 『状況に埋め込まれた学習』産業図書.

李珊, 2006, 「都市的消費生活様式としての友人会食」『日本都市社会学会年報』24：103-118.

ルーマン, N. (村上淳一編訳), 2007, 「インクルージョンとエクスクルージョン」『ポストヒューマ
　　ンの人間論』東京大学出版会.

町村敬志, 1993, 「外国人居住とコミュニティの変容」蓮見音彦・奥田道大編『21世紀日本のネオ・
　　コミュニティ』東京大学出版会.

町村敬志, 2021, 「新型コロナウイルスと『連鎖の社会学』」『計画行政』44（1）：15-20.

マッキーバー, R.M. (中久郎・松本通晴監訳), 1975, 『コミュニティ』ミネルヴァ書房.

増田寛也編著, 2014, 『地方消滅』中央公論新社.

増田寛也・冨山和彦, 2015, 『地方消滅　創生戦略編』中央公論新社.

松端克文, 2018, 『地域の見方を変えると福祉実践が変わる』ミネルヴァ書房.

松宮朝, 2007, 「『万博』はどのように経験されたのか？」『愛知県立大学文学部論集（社会福祉学科編）』
　　55：127-156.

松宮朝, 2008, 「外国人労働者はどのようにして『地域住民』となったのか」鶴本花織・西山哲郎・
　　松宮朝編『トヨティズムを生きる』せりか書房.

松宮朝, 2009, 「『縮小社会』化する地域社会と外国人」『地域社会学会年報』21：35-48.

松宮朝, 2010a, 「これはなんのための調査なのか」『社会と調査』4：19-25.

松宮朝, 2010b, 「『当事者ではない』人間に何ができるのか？」宮内洋・好井裕明編著『〈当事者〉
　　をめぐる社会学』北大路書房.

松宮朝, 2011, 「大学における地域連携・地域貢献と社会調査をめぐるノート」『人間発達学研究』2：
　　43-50.

松宮朝, 2012a, 「高齢者の『関係性の貧困』と『孤独死』・『孤立死』」『日本都市社会学会年報』30：

15-28.

松宮朝, 2012b,「共住文化」山泰幸・足立重和編著『現代文化のフィールドワーク入門』ミネルヴァ書房.

松宮朝, 2012c,「地域ベースの共生論は外国人の社会参加に届くのか?」『理論と動態』5：43-59.

松宮朝, 2012d,「コミュニティと排除（上）」『人間発達学研究』3：43-52.

松宮朝, 2013,「都市における農の活動」碓井崧・松宮朝編著『食と農のコミュニティ論』創元社.

松宮朝, 2014a,「『地域参加』の施策化をめぐって」『社会福祉研究』16：15-28.

松宮朝, 2014b,「コミュニティと排除（下）」『人間発達学研究』5：43-52.

松宮朝, 2015,「結節点としての喫茶店」『愛知県立大学教育福祉学部紀要』63：75-88.

松宮朝, 2017a,「地域コミュニティにおける排除と公共性」金子勇編著『計画化と公共性』ミネルヴァ書房.

松宮朝, 2017b,「地方消滅論と地方都市」『愛知県立大学教育福祉学部論集』65：49-62.

松宮朝, 2018a,「地域コミュニティと排除をめぐる調査方法論」『人間発達学研究』9：103-110.

松宮朝, 2018b,「外国籍住民と公営住宅（上）」『社会福祉研究』20：21-28.

松宮朝, 2019a,「外国籍住民と公営住宅（下）」『社会福祉研究』21：23-32.

松宮朝, 2019b,「リーマンショック後の南米系住民の動向と第二世代をめぐる状況」是川夕編著『人口問題と移民』明石書店.

松宮朝, 2020a,「地域実践と地域の共同性をめぐる調査方法論」『愛知県立大学教育福祉学部論集』68：57-66.

松宮朝, 2020b,「外国籍住民の集住と地域コミュニティ」『都市住宅学』110：17-22.

松宮朝, 2021a,「地域社会と男性の孤立をめぐって」『愛知県立大学教育福祉学部論集』69：45-56

松宮朝, 2021b,「地域コミュニティの実践と地域社会学の方法論（上）」『共生の文化研究』15：88-99.

松宮朝・新美功・鷺野明美, 2008,「『孤独死』・『孤立死』をめぐる地域的対応」『社会福祉研究』10：43-57.

松本康, 2001,「現代都市の変容とコミュニティ、ネットワーク」金子勇・森岡清志編著『都市化とコミュニティの社会学』ミネルヴァ書房.

松本康, 2003,「都市社会学の遷移と伝統」『日本都市社会学会年報』21：63-79.

松本康, 2004,「都市下位文化と公共的秩序」今田高俊・金泰昌編『公共哲学13　都市から考える公共性』東京大学出版会.

松本哉, 2008,『貧乏人大反乱』アスペクト.

南方熊楠, 1994,『十二支考（上）』岩波書店.

三井さよ, 2008,「『人として』の支援」崎山治男ほか編著『〈支援〉の社会学』青弓社.

宮本常一, 1971,『宮本常一著作集10　忘れられた日本人』未来社.

宮本常一, 1972,『宮本常一著作集12　村の崩壊』未来社.

宮本常一, 1973,『宮本常一著作集13　民衆の文化』未来社.

宮本常一, 1978,『民俗学の旅』文藝春秋.

宮本常一, 1986,『宮本常一著作集31　旅にまなぶ』未来社.

宮本常一, 1994,『宮本常一著作集38　周防大島を中心としたる海の生活誌』未来社.

宮本常一・安渓遊地, 2008,『調査されるという迷惑』みずのわ出版.

宮内洋，2005，『体験と経験のフィールドワーク』北大路書房．

宮内洋，2008，「〈生活―文脈主義〉の質的心理学」無藤隆・麻生武編『質的心理学講座第1巻 育ちと学びの生成』東京大学出版会．

宮内洋，2013，「フィールドワークにおける葛藤」『社会と調査』11：48-55．

宮内洋・松宮朝・新藤慶・石岡丈昇・打越正行，2014a，「新たな貧困調査の構想のために」『愛知県立大学教育福祉学部論集』62：123-135．

宮内洋・松宮朝・新藤慶・石岡丈昇・打越正行，2014b，「貧困調査のクリティーク（1）――『豊かさの底辺に生きる』再考――」『北海道大学大学院教育学研究院紀要』120：199-230．

宮内洋・好井裕明編著，2010，『〈当事者〉をめぐる社会学』北大路書房．

三浦哲司，2021，『自治体内分権と協議会』東信堂．

森千香子，2007，「郊外団地と『不可能なコミュニティ』」『現代思想』35（7）：174-182．

森千香子，2013，「分断される郊外」町村敬志編著『都市空間に潜む排除と反抗の力』明石書店．

室田信一，2012，「大阪府茨木市のコミュニティソーシャルワーカー配置事業」『貧困研究』9：63-71．

内閣府編，2010，『平成22年版高齢社会白書』．

内閣府編，2021，『令和3年版高齢社会白書』．

中井久夫，2011，『世に棲む患者』筑摩書房．

長浜功，1995，『彷徨のまなざし』明石書店．

長久手市・長久手市社会福祉協議会編，2014，『長久手市地域福祉計画・長久手市地域福祉活動計画』．

長久手市編，2017，『平成28年度長久手市市民意識調査』．

中澤秀雄，2019，「地方と中央」小熊英二編著『平成史【完全版】』河出書房新社．

中沢卓実・淑徳大学孤独死研究会共編，2008，『団地と孤独死』中央法規．

南後由和，2018，『ひとり空間の都市論』筑摩書房．

NHKスペシャル取材班・佐々木とく子，2007，『ひとり誰にも看取られず』阪急コミュニケーションズ．

NHK「無縁社会プロジェクト」取材班編著，2010，『無縁社会』文藝春秋．

丹辺宣彦・岡村徹也・山口博史編著，2014，『豊田とトヨタ』東信堂．

新原道信ほか編，2006，『地球情報社会と社会運動』ハーベスト社．

新原道信編著，2016，『うごきの場に居合わせる』中央大学出版部．

西村雄郎，2011，「都市における『町』の生成・展開と〈まち〉づくり」『年報村落社会研究』47：49-82．

西野淑美，2010，「記号としての『カフェ』」遠藤知巳編『フラット・カルチャー』せりか書房．

西澤晃彦，1996，「『地域』という神話」『社会学評論』47（1）：47-62．

西澤晃彦，2010，『貧者の領域』河出書房．

西澤晃彦，2011，「身体・空間・移動」西澤晃彦編『労働再審④　周辺労働力の移動と編成』大月書店．

野口道彦，2001，「外国人をめぐる流言騒ぎの諸相」鐘ヶ江晴彦編著『外国人労働者の人権と地域社会』明石書店．

野口定久，2016，『人口減少時代の地域福祉』ミネルヴァ書房．

能勢桂介，2017，「未完の多文化共生プラン」渡戸編著所収．

野村総合研究所編，2013，『コミュニティソーシャルワーカー（地域福祉コーディネーター）調査研

究事業報告書』.

額田勲, 2013, 『孤独死』岩波書店.

小原隆治, 2010, 「地域と公共性」斎藤純一編『公共性の政治理論』ナカニシヤ出版.

小田切徳美, 2014, 『農山村は消滅しない』岩波書店.

小川徹太郎, 2006, 『越境と抵抗』新評論.

荻上チキ, 2011, 『検証　東日本大震災の流言・デマ』光文社.

岡田浩樹, 2014, 「多文化共生」山下晋司編『公共人類学』東京大学出版会.

奥田道大, 1983, 『都市コミュニティの理論』東京大学出版会.

オルデンバーグ, R.（忠平美幸訳）, 1989＝2013, 『サードプレイス』みすず書房.

小内透, 2005, 『教育と不平等の社会理論』東信堂.

小内透編著, 2009, 『ブラジルにおけるデカセギの影響』御茶の水書房.

奥山正司, 2009, 『大都市における高齢者の生活』法政大学出版局.

大竹敏之, 2010, 『名古屋の喫茶店』リベラル社.

大月隆寛, 1997, 『顔を上げて現場へ往け』青弓社.

大槻茂実, 2011, 「共生社会」田辺俊介編著『外国人へのまなざしと政治意識』勁草書房.

小澤浩明, 1993, 「地域社会での〈階層化秩序〉と『生活困難層』」久冨善之編著『豊かさの底辺を生きる』青木書店.

パットナム, R.（河田潤一訳）, 2001, 『哲学する民主主義』NTT出版.

パットナム, R.（柴内康文訳）, 2006, 『孤独なボウリング』柏書房.

プラマー, K.（赤川学監訳）, 2021, 『21世紀を生きるための社会学の教科書』筑摩書房.

Portes, A., 1998, "Social Capital" *Annual Review of Sociology* 21（1）: 1-24.

Rose, N., 1999, *Powers of Freedom*, Cambridge University Press.

Roth, J. H., 2002, *Brokered Homeland*, Cornell University Press.

桜井政成, 2020, 『コミュニティの幸福論』明石書店.

阪本英二, 2007, 「同じ〈場所〉にいること」宮内洋・今尾真弓編著『あなたは当事者ではない』北大路書房.

坂本誠, 2014, 「農山漁村における地域マネジメントシステム」岡崎昌之編『地域は消えない』日本経済評論社.

阪本俊生, 2021, 「新型コロナ問題と2020年における日本の女性自殺者の増加」『東海社会学会年報』13：20-45.

斎藤純一, 2000, 『公共性』岩波書店.

斎藤純一, 2013, 「《政治哲学》コミュニティ再生の両義性」伊豫谷登士翁・齋藤純一・吉原直樹『コミュニティを再考する』平凡社.

斉藤雅茂, 2018, 『高齢者の社会的孤立と地域福祉』明石書店.

三本松政之, 2007, 「地域福祉計画と参加」武川正吾ほか編『公共政策の社会学』東信堂.

三本松政之・朝倉美江編著, 2020, 『多文化福祉コミュニティ』誠信書房.

佐野治・松宮朝, 2013, 「長久手市地域福祉計画策定に向けての市民意識調査報告」『社会福祉研究』15：21-33.

佐野眞一, 1996, 『旅する巨人』文藝春秋.

サトウタツヤ, 2001, 「モード論」『立命館人間科学研究』2：3-9.

沢木耕太郎, 1977, 「おばあさんが死んだ」『人の砂漠』新潮社.

盛山和夫, 2011, 『社会学とは何か』ミネルヴァ書房.

盛山和夫, 2012, 「公共社会学とは何か」盛山和夫ほか編『公共社会学［1］』東京大学出版会.

Shiobara, Yoshikazu, 2020, "Genealogy of "tabunka kyōsei": A Critical Analysis of the Reformation of the Multicultural Co-living Discourse in Japan", *International Journal of Japanese Sociology* 29: 22-38

清水洋行, 2006, 「地域フィールドワーク実践と地域社会学」似田貝香門・町村敬志編『地域社会学の視座と方法』東信堂.

新城市地域内分権庁内検討委員会編, 2010, 『地域内分権庁内検討委員会　中間報告』.

塩崎勤, 2005, 「県営住宅の自治会の会員が一方的意思表示により自治会を退会することの可否」『民事法情報』230：82-85.

ソルニット, R.（高月園子訳）, 2010, 『災害ユートピア』亜紀書房.

園部雅久, 2008, 『都市計画と都市社会学』上智大学出版.

スピッカー, P.（圷洋一監訳）, 2008, 『貧困の概念』生活書院.

杉万俊夫編著, 2006, 『コミュニティのグループ・ダイナミックス』京都大学出版会.

杉本仁, 2000, 「寄合民主主義に疑義あり」柳田国男研究会編『柳田国男・民俗の記述』岩田書院.

杉浦明平, 1982, 『ボラの哄笑』河出書房新社.

成元哲, 2003, 「承認をめぐる闘争としての水俣病運動」『大阪経済法科大学アジア太平洋研究センター年報』1：9-14.

多文化多様性の輝く保見団地プロジェクト編, 2021, 『「多文化多様性が輝く保見団地」をめざした住民アンケート調査報告書』.

田髙悦子, 2020, 「独居高齢者の社会的孤立の課題と予防方略における性差の検討」『生きがい研究』26：4-22.

橘木俊詔, 2018, 『男性という孤独な存在』PHP研究所.

田垣正晋, 2017, 「先進事例の追跡調査から見る障害者施策推進に関する住民会議の変容」『実験社会心理学研究』56（2）：97-111.

高木寛之, 2016, 「地域特性を捉える視点に関する基礎研究」『山梨県立大学人間福祉学部紀要』11：31-40.

高木俊之, 2018, 「地域福祉とアソシエーション」『名古屋大学社会学論集』38：39-59.

高木大資, 2021, 「社会ネットワークと社会的伝染」稲葉編著所収.

高野和良, 2011, 「過疎地域における社会福祉調査の課題」『社会と調査』6：43-49.

髙谷幸・大曲由起子・樋口直人・鍛治致・稲葉奈々子, 2015, 「2010年国勢調査にみる外国人の教育」『岡山大学大学院社会文化科学研究科紀要』39：37-56.

武川正吾, 2006, 『地域福祉の主流化』法律文化社.

竹端寛ほか編著, 2015, 『自分たちで創る現場を変える地域包括ケアシステム』ミネルヴァ書房.

竹ノ下弘久, 2016, 「労働市場の流動化と日系ブラジル人をめぐる編入様式」『法学研究』89（2）：1-23.

竹ノ下弘久, 2018, 「移民受け入れの制度的文脈と人間関係」佐藤嘉倫編著『ソーシャル・キャピタルと社会』ミネルヴァ書房.

竹沢泰子, 2011, 「序論　移民研究から多文化共生を考える」日本移民学会編『移民研究と多文化共生』

御茶の水書房.

玉野和志，2006，「90年代以降の分権改革と地域ガバナンス」玉野和志・三本松正之編『地域社会の政策とガバナンス』東信堂.

玉野和志，2015，「地方自治体の政策形成と社会学者の役割」『社会学評論』66（2）：224-241.

玉野和志編，2020，『都市社会学を学ぶ人のために』世界思想社.

田中宏，2013，『在日外国人　第三版』岩波書店.

田中瑞季・梅崎修，2012，「地域コミュニティにおけるソーシャルキャピタル」『地域イノベーション』5：9-20.

田中重人，2021，「『3密』概念の誕生と変遷」『東北大学文学研究科研究年報』70：116-140.

田中重好，2010，『地域から生まれる公共性』ミネルヴァ書房.

田中重好，2011，「縮小社会を問うことの意味」『地域社会学会年報』23：5-17.

谷沢明，2002，「地域社会の変容による地区自治組織変革に関する考察」『愛知淑徳大学現代社会学部論集』7：57-71.

丹野清人，2007，『越境する雇用システムと外国人労働者』東京大学出版会.

丹野清人，2013，『国籍の境界を考える』吉田書店.

田野大輔，2021，「日本の『自粛警察』とファシズム」『群像』76（1）：284-295.

作手村誌編集委員会編，2010，『作手村誌　本文編』.

妻木進吾，2012，「貧困・社会的排除の地域的出現」『社会学評論』62（4）：489-503.

堤圭史郎，2010，「ホームレス・スタディーズへの招待」青木秀男編著『ホームレス・スタディーズ』ミネルヴァ書房.

徳川直人，2004，「サムナー、ウォード、スモールにおける『科学』と『改革』」宝月誠・吉原直樹編著『初期シカゴ学派の世界』恒星社厚生閣.

タウンゼント，P.（山室周平監訳），1974，『居宅老人の生活と親族網』垣内出版.

豊田市編，2021，『第4回外国人住民意識調査アンケート結果報告書』.

豊中市社会福祉協議会編，2012，『セーフティネット』筒井書房.

テンニース，F.（杉之原寿一訳），1957，『ゲマインシャフトとゲゼルシャフト』岩波書店.

都築くるみ，2006，「外国人と多文化共生」玉野和志・三本松政之編，『地域社会の政策とガバナンス』東信堂.

内田龍史，2008，「『社会的排除―包摂』と社会的ネットワーク」『理論と動態』1：55-71.

上田智子ほか，2010，「孤独死（孤立死）の定義と関連する要因の検証及び思想的考究と今後の課題」『名古屋経営短期大学紀要』51：109-131.

上野千鶴子，2007，『おひとりさまの老後』法研.

上野千鶴子，2009，『男おひとりさま道』法研.

梅田直美，2011，「コミュニティ政策の誕生と『孤立化』問題」『人間社会学研究集録』6：51-73.

矢作弘，2015，「『地方消滅』論、その『批判』を踏まえて　『集約型都市圏構造』に関する一考察」『地域問題研究』87：6-11.

山田明，2013，「東海圏研究の今日的意義と課題」東海自治体問題研究所編『大都市圏の構造変化』自治体研究社.

山口覚，2016，『集団就職とは何であったか』ミネルヴァ書房.

山本かほり・松宮朝，2009，「2008年度西尾市外国人住民調査報告」『社会福祉研究』11：43-55.

山本かほり・松宮朝，2010,「外国籍住民集住都市における日本人住民の外国人意識」『日本都市社会学会年報』28：117-134.

山本崇記，2020,『住民運動と行政権力のエスノグラフィ』晃洋書房.

山元貴継，2010,『名古屋の"お値打ち"サービスを探る』風媒社.

山根純佳・山下順子，2011,「『選択』としての『おひとりさま』言説の功罪」千田有紀編『上野千鶴子に挑む』勁草書房.

山野明男，2007,「名古屋市東部地域の都市化と『まちづくり』の展開」『都市地理学』2：99-107.

山野上麻衣，2021,「『二回目の危機』コロナ禍における南米系移民の人々の仕事と生活」鈴木江理子編著『アンダーコロナの移民たち』明石書店.

山崎仁朗編著，2014,『日本コミュニティ政策の検証』東信堂.

山崎亮，2012,『コミュニティデザインの時代』中央公論新社.

矢守克也，2010,『アクションリサーチ』新曜社.

矢守克也，2018,『アクションリサーチ・イン・アクション』新曜社.

ヤング, J.（青木秀男ほか訳），2007,『排除型社会』洛北出版.

ヤング, J.（木下ちがやほか訳），2008,『後期近代の眩暈』青土社.

吉田一平，2017,「わずらわしいまち：まざって暮らすまちづくり」『東海社会学会年報』9：10-16.

吉田竜司・寺岡伸悟，1997,「シカゴ学派のマニフェスト」宝月誠・中野正大編『シカゴ社会学の研究』恒星社厚生閣.

吉田司，1987,『夜の食国』白水社.

吉田司，1991,『下下戦記』文藝春秋.

吉原直樹，2011,『コミュニティ・スタディーズ』作品社.

吉村輝彦,2017,「『たっせがある』まちづくりの推進」日本福祉大学アジア福祉社会開発研究センター編『地域共生の開発福祉』ミネルヴァ書房.

和田清美編著，2018,『現代福祉コミュニティ論』学文社.

鷲野明美・松宮朝，2012,「『孤独死』・『孤立死』問題へのアプローチ」『愛知県立大学教育福祉学部紀要』60：71-81.

渡戸一郎，2011,「多文化社会におけるシティズンシップとコミュニティ」北脇保之編『「開かれた日本」の構想』ココ出版.

渡戸一郎ほか編，2017,『変容する国際移住のリアリティ』ハーベスト社.

White, M., 2012, *Coffee Life in Japan*, University of California Press.

ワース, L.（松本康訳），2011, 松本康編『近代アーバニズム』日本評論社.

ウェルマン, B.（野沢慎司・立山徳子訳），2006,「コミュニティ問題」野沢慎司編『リーディングス・ネットワーク論』勁草書房.

索　引

《著者紹介》

松宮　朝（まつみや　あした）
　　1974年生まれ.
　　2000年北海道大学大学院文学研究科博士後期課程中途退学　博士（文学）（2003年）.
　　2001年より愛知県立大学に勤務. 現在, 愛知県立大学教育福祉学部准教授.
　　専攻　社会学（地域社会学, 都市社会学）

著書
　　『トヨティズムを生きる』（共編著）せりか書房, 2008年.
　　『〈当事者〉をめぐる社会学』（共著）北大路書房, 2010年.
　　『食と農のコミュニティ論』（共編著）創元社, 2013年.
　　『計画化と公共性』（共著）ミネルヴァ書房, 2017年.
　　『人口問題と移民』（共著）明石書店, 2019年.

かかわりの循環
　　　　──コミュニティ実践の社会学──

2022年3月10日　初版第1刷発行　　　＊定価はカバーに
　　　　　　　　　　　　　　　　　　　表示してあります

　　　　　　　著　者　松　宮　　　朝ⓒ
　　　　　　　発行者　萩　原　淳　平
　　　　　　　印刷者　河　野　俊一郎

　　　　　発行所　株式会社　晃　洋　書　房
　　〒615-0026　京都市右京区西院北矢掛町7番地
　　　　　　　　電話　075(312)0788番(代)
　　　　　　　　振替口座　01040-6-32280

装幀　HON DESIGN(北尾 崇)　　印刷・製本　西濃印刷㈱
　　　　　ISBN 978-4-7710-3585-0